El arte de ser mediocre

El arte de ser mediocre

Maialen Gurbindo

VERGARA

Papel certificado por el Forest Stewardship Council®

MIXTO
Papel | Apoyando la
silvicultura responsable
FSC® C117695

Penguin
Random House
Grupo Editorial

Primera edición: abril de 2024

© 2024, Maialen Gurbindo López
© 2024, Penguin Random House Grupo Editorial, S.A.U.
Travessera de Gràcia, 47-49. 08021 Barcelona

Printed in Spain – Impreso en España

ISBN: 978-84-19248-90-9
Depósito legal: B-1696-2024

Compuesto en Llibresimes, S. L.

Impreso en Black Print CPI Ibérica
Sant Andreu de la Barca (Barcelona)

VE 48909

A mi abuela Leopolda,
Por todo aquello que tú no pudiste leer ni escribir

Esto no es un libro de autoayuda.

No vas a salir mejor de aquí.

Si aprendes algo, será accidental.

Esto no es un libro de autoayuda.

Es un dejarse ir.

Disfruto sin ponerme un cuchillo en el cuello por ser la mejor y por no haberme tirado mil años estudiando para escribir esto.

Se trata de disfrutar de hacerlo mal sin culpa.

Es una oda a la mediocridad, porque no le debo nada a nadie, ni siquiera a mí.

Índice

Introducción

Respiro de puro milagro, existo por una serie de acontecimientos que estuvieron a punto de no suceder. Mi latido es pura coincidencia en un entorno en el que me niego a pensar que las cosas ocurren porque sí. Es una cuestión de supervivencia, porque si realmente lo pensara, esa bruma que a veces me nubla se haría más espesa. Hablo de esa nube que te arrolla y honestamente te quita las ganas de vivir. Pero no se lo dices a nadie porque te sientes culpable. Esa culpa por no valorar el techo, por poder encender la calefacción un par de horas al día por lo menos y por no haber vivido una posguerra como tu abuela. Te digo una cosa: tienes derecho a no querer vivir, pese a no estar en una posguerra.

Mi amigo y hermano Txapa dice que cuando compartes algo con alguien, pesa la mitad.

Mi amigo Diego dice que en la vida vale con aprobar.

Tienes el derecho y el deber de compartir con alguien que algunos días no tienes ganas de vivir. Tienes derecho a hacerlo mal, a cogerte la baja de mentira, a que se te quemen las lentejas, a tener envidia, a ser tóxica, a decir una palabra fuera de tono, a colgar un cuadro torcido, a no ser sorora siempre y a patalear si te da la gana. Tienes el derecho y el deber de disfrutar del arte de ser mediocre.

No se trata de quererte con todo, se trata de quererte pese a todo.

No sé si fue el primer día de terapia, pero vamos a pensar que sí, porque queda mucho mejor para empezar esta movida que todavía no sé muy bien qué hago escribiendo.

El primer día de terapia, mi psicóloga, Paula Álvarez, fundadora de Ommm, me preguntó: «¿Por qué Chica Sobresalto?». «Es mi nombre artístico, un *alter ego* que se atreve a hacer lo que yo no me atrevo. Ella es una superheroína sinvergüenza, valiente y que cree en lo que hace». Se lo expliqué creyendo que me iba a decir que no existen dos personas dentro de mí, que las dos son la misma y todo ese rollo que me han soltado ya más de una vez. Pero me sorprendió al responderme: «¿Solo dos?». No solo no me estaba juzgando por haberme creído la estúpida idea de que en mí vivían dos personas, sino que me estaba animando a buscar más.

Me pidió que hiciera una lista de todos mis *alter ego*. Tenía que pensar en qué momento las había creado, por qué y para qué. Así podría detectar en qué circunstancias se activaba cada una, como en *Del revést*, pero con rasgos de la personalidad en lugar de con emociones. De hecho, supongo que las emociones, entre otras cosas, son una especie de comandos que activan cada uno de ellos.

Cada rasgo tuyo se crea por algún tipo de necesidad en un momento concreto. Puede ser consciente o inconsciente. Puede que en ti haya una persona histriónica que se despierta de vez en cuando y no entiendas muy bien por qué. Puede que tuvieras que crearla en un periodo de tu vida en el que necesitabas atención y no te la dieron. Te inventaste a la histriónica, a la vergonzosa, a la vaga o a la perfeccionista por supervivencia. El problema surge cuando eso se descontrola, todas quieren ponerse al volante y se acaban odiando hasta la muerte. Un día tienes que enfrentarte a un conflicto y, de pronto, la niña le quita el timón a la adulta. No puedes hacerte cargo de lo que está ocurriendo, la responsable está amordazada y maniatada y tú solo puedes recordar ese *reel* de Instagram que habla de lo grave que es no tener responsabilidad afectiva. Te voy a contar un secreto: no puedes medir tu responsabilidad afectiva según unas pautas que has visto en un *reel* de veinte segundos.

Una no puede tomar buenas decisiones cuando hay barcos navegando y luchando a cañonazos en su líquido cefalorraquídeo. Una no puede dormir con el sonido de las sirenas y de los aviones de caza sobrevolando su amígdala. Una no puede parecer en paz si por dentro está en guerra, al menos no durante mucho tiempo. Lo que quiero decir con esto es que es fácil entrar en un bucle de malas decisiones cuando no estás bien emocionalmente y que esas malas decisiones te provoquen un mayor malestar y que ese malestar te haga tomar más decisiones de mierda. Salir de ese círculo de tristeza y desastre es complicado.

Cuando pierdes foco, el sistema nervioso se hace un lío. Es como cuando el cuerpo detecta el polvo o el polen como dañinos y te hace estornudar como una hija del averno. Cuando tengo alergia, siempre me imagino que mi cuerpo está intentando expulsarme a mí porque soy, sin duda, su peor enemiga, más que las gramíneas, la cándida o el tabaco. Yo tenía una tía abuela que se llamaba Cándida. No me gustaría llamarme como un hongo.

Aquí tenía pensado inventar una personaja que fuera

una especie de antiheroína frente a todas las demás señoras que van a ir apareciendo en esta cosa que escribo. Pero
voy a dejarlo para el final. Nadie sabrá si viene a salvarnos
o a liarla parda, tendrás que decidir tú (si llegas hasta el
final) quiénes son las buenas y las malas aquí. Yo ya paso.
Chica Sobresalto vino a salvarme, pero, por ejemplo, ahora mismo le tengo una manía que no puedo con ella.

El fin de todo esto, según mi psicóloga, era intentar
ver en qué momentos se activaban cada una de estas «per-
sonajas» y analizar la jugada sin juzgar. Odio no juzgar, lo
hago todo el rato y en cierto modo me gusta. Pero me
pareció una buena idea, sobre todo para borrar a las que
no eran funcionales y definirme de una vez por todas.
Siempre he querido tener claros mis adjetivos, para fijar
mis objetivos y saber de una vez qué es lo que quiero.

Ilusa de mí, siempre fantaseo con la idea de que el cerebro es como un ordenador al que puedo dar órdenes. Siempre pienso que sería la hostia tener esas barritas de carácter
y personalidad que tienen los Sims cuando los creas. Pre-
sentan los polos opuestos de un rasgo y tú eliges en qué
medida quieres acercarte más a uno o a otro: dos puntitos
menos de pulcra, bajamos errática hasta el mínimo, bastante friki para saber mucho de algo, a tope de sociable y alegre y, sobre todo, muchísimo de independiente. Daría todo

lo que tengo por modelarme a mi antojo y hacerme una persona de bien. Erradicaría la inquietud, la poca paciencia y el déficit de atención que me he autodiagnosticado, quizá con la esperanza de no ser tonta a secas.

Quería eliminar todo lo que me molestaba de mí, como cuando haces limpieza de fotos viejas en el móvil. Lo peor de revisar esas fotos antiguas con intención de borrarlas es que, lejos de hacerlas desaparecer, acabas perdiéndote en una nostalgia horrible que te pudre por dentro. Aquí una nostálgica crónica. Soy como un Diógenes de recuerdos andante. Me regocijo con la boca abierta hasta que no puedo tragar a la velocidad a la que naufrago y me asfixio, se me caen los momentos por las comisuras de los labios y tengo que echar toda la ropa a lavar. Esto también lo borraría en la creación de mi avatar Sim.

Sinceramente, yo no quería estar mejor cuando empecé la terapia, quería ser mejor. Deseaba ser mejor persona, mejor compositora, mejor hija, mejor pareja, mejor expareja, mejor amiga… Siempre he pensado que este perfeccionismo y esta autocrítica eran dones que te hacen crecer, pero han acabado paralizándome tanto que a veces no puedo salir de la cama. Nunca es suficiente y al mismo tiempo no paro de verme como alguien tremendamente desordenada en todos los aspectos de la vida.

En aquel momento, vivía en uno de esos pisos de Madrid, esos pequeños, compartidos y que valen un pastón. Si tienes suerte, ves un poquito el sol y el famoso cielo de Madrid. Isabel Díaz Ayuso lo llama libertad. Yo lo llamo precariedad: el sueño de la provinciana cantautora que veía vídeos en el canal de YouTube del Búho Real y que creyó que podía ser como Georgina, Carmen Boza o Zahara, sobre todo Zahara. El sueño de la preadolescente que quería ser la prota del bar Coyote, romantizando la precariedad de la que te hablo, esa que no tiene ni puta gracia cuando no te llega para el alquiler. El sueño de la pringada que acabó en un programa de la tele, que se paralizó por una pandemia mundial y que tuvo que ver su vida caer escaleras abajo.

Abrí una cerveza y me puse a hacer mi tarea. Nunca hice los deberes a tiempo en mi corta época de estudiante. Pero ahora sí. Siempre tengo la sensación de que, pese a ser extremadamente minuciosa, doy una falsa impresión de genuinidad en la que me acabo perdiendo. Imagina si no fuera tan minuciosa... Es por este tipo de cosas por las que no tengo adjetivos concretos para definirme, todos me parecen bien y mal a partes iguales. Me reconozco y me desconozco tanto en el orden como en el caos. Me conozco infinitamente menos que a toda la gente que me rodea. Dicen que escribir, componer, la terapia, meditar y todo ese rollo te ayuda a entenderte, a saber cómo funcionas y cómo eres. Cuéntaselo a otra. Yo, cuanto más escribo, más me pierdo. He acabado pensando que este proceso va más de aceptar que no sabes quién eres que de descubrirlo. Más de asumir que te pasarás toda la vida conociéndote que de conocerte en sí. ¿En serio voy a estar toda la vida conociéndome con lo mal que me caigo?

Esto me lleva a una anécdota que parece estúpida en un primer momento, pero que me dio mucho que pensar. Fui monitora de comedor de los veinte a los veinticinco. Había un niño que tenía una patología en el corazón que desconozco. El pobrecito no podía salir a jugar al patio porque se alteraba mucho y no era bueno para él, así que se quedaba conmigo mientras limpiaba y preparaba el comedor para el día siguiente. Imagínate que se llamaba Jon. Un día, mientras envolvía cubiertos en servilletas, me dijo: «Ya no quiero que me llames Jon, quiero me llames Mikel». Me generó mucha curiosidad y le pregunté a qué se debía el cambio de nombre. Él me miró muy serio y me respondió: «Es que estoy harto de llamarme siempre Jon. Jon, Jon, Jon...». Yo también estoy harta de ser yo todo el puñetero día.

Esto es lo que voy a hacer en este «libro». Me da pánico llamarlo así porque ni soy ni nunca seré escritora. Querida Paula, esta es mi tarea de aquel día, una humilde síntesis de todo lo que entendí y no entendí después de aquello. El título es completamente tuyo. No le busques lógica alguna a nada de lo que vas a leer porque probablemente no la tenga. Lo siento mucho.

Aviso: voy a hablar de mí durante muchísimo rato y soy como las pastillas de caldo para hacer sopa, concentrada. Pero no concentrada en atención, sino en intensidad. Un trocito da más sabor que un kilo de verdura, pero es menos sano y tiene menos vitaminas. Aún estás a tiempo de ir al mercado a por puerros, zanahorias, miso y ajo negro y pasar de mi culo.

1

Chica Sobresalto

La que se sube al escenario

Si oliera a algo, olería a ylang-ylang.

Si fuera una canción, sería *Can´t Fight The Moonlight* de LeAnn Rimes.

Si pudiera matarme, lo haría. Se proclamaría personaje principal, pero no soportaría tener que hacer las cosas de la vida diaria y acabaría metiéndose un atracón de diazepam con cerveza.

Si pudiera decirme algo, sería:

«LAS DOS SABEMOS QUE NO PUEDES HACERLO SIN MÍ. SI ME BORRARAS, SOLO SERIAS LA CHICA A LA QUE LE DIJERON QUE NO TODA LA VIDA. UNA DE LAS DOS TIENE QUE DAR UN SALTO AL VACIO Y, POR SUPUESTO, NO VAS A SER TÚ».

Hará unos diez años que la vi por primera vez. En esa época me dolía la tripa desde que me despertaba hasta que conseguía dormir un poco. Realmente era un milagro conciliar el sueño.

No sé cuánto hubo de gastritis crónica, cuánto de trastorno alimenticio, de colon irritable, de agorafobia, o si unas cosas llevaron a otras. Una vez fui a Urgencias por una crisis de ansiedad y un médico con muy poco tacto y sin preguntarme prácticamente nada me dijo: «A ti lo que te pasa es que eres anoréxica». Esto me pareció un peligro enorme, pues lejos de ayudarme, hizo que me sintiera juzgada y culpable. Además, no era anoréxica; siempre he tenido problemas con la comida que me ha costado reconocer, pero no era anoréxica. Un trastorno de la conducta alimentaria tiene tantos matices como personas lo padecen. Todavía diez años después no sé lo que me pasaba, pero desde luego ese señor tampoco. Sí, supongo que tenía, o tengo, un TCA, pero no soy ese TCA. Mi madre, sentada a mi derecha, me miraba asustada, buscando en mis ojos una verdad que le devolviera el aliento, una explicación de por qué su hija estaba enferma un día sí y otro también. Yo me ofendí, le grité a aquel señor que no tenía ni idea de mi vida y él, condescendiente, miró a mi madre y le dijo: «Si es anoréxica, no te lo va a reconocer, así que da igual». Recuerdo mi frustración ante eso. No podía respirar ya cuando llegué a Urgencias, pero en ese momento todos los síntomas se multiplicaron por mil. Al final, me dieron diazepam y buscapina y me mandaron a casa. Mi madre y yo no volvimos a hablar del tema.

He perdido hasta los recuerdos, es una especie de remolino en el tiempo que se distorsiona en mi cabeza. Los segundos se estiraban como un chicle y mi narradora interna me gritaba cosas horribles. Acabé desarrollando agorafobia, sin haber escuchado yo esa palabra en la vida. Entraba en pánico cada vez que pisaba la calle o pensaba en hacerlo. El miedo crecía exponencialmente cuanto más me alejaba del portal de casa de mis padres, el nueve, el de al lado de la agencia de seguros. Intentaba llegar al veintidós, al de la clínica veterinaria que mi padre no puede soportar. Pero era todo un mundo.

Un día tenía que salir de casa porque teníamos un concierto en un garito de Iruñea, uno que, por supuesto, no quería hacer.

Sentía que acababa en el escenario por inercia, por una fuerza absurda. Yo estaba muy bien subiendo mis canciones a YouTube desde casa, pero no, tenía que acabar haciendo cosas en las que no creía y deseando que terminaran desde que empezaban.

Vinieron mis amigas y mi familia. Me temblaban las piernas y solo quería desaparecer.

Hay algo que se repite cada vez que voy a actuar. Siempre es igual, la mayor de mis fantasías: «¿Y si me piro? Me voy y punto, cojo un tren adonde sea y desaparezco». Pero nunca lo hago, porque soy comprometida y cobarde. Porque alguien me acabaría encontrando, se me acabaría el dinero, no tendría adónde ir y más cosas. Demasiados problemas.

Así que salí a cantar con cara de mierda, como siempre. Al terminar la primera canción, se generó ese silencio abrumador que para mí duró mil años. La gente te mira esperando a que hagas algo. Yo pensaba «¿Qué les pasa?», pero claro, es que te has subido a un escenario, gilipollas.

Mientras afinaba la guitarra con sonidos desagradables y fantaseaba sin parar con huir, algo me recorrió el cuerpo. El tiempo se paró en seco, se apagaron todas las luces de la calle y algo me cegó. Cayó un rayo en mitad del bar partiéndolo en dos. Grité, pero nadie parecía estar enterándose de nada. Todos estaban inmóviles, como congelados. De la grieta formada en el suelo del garito empezaron a salir un millón de escarabajos con alas preciosas, esos que tienen el color duocromo que queda tan bonito en los párpados de las *influencers*. Se disiparon volando en todas las direcciones a la vez y de debajo de la tierra, entre una tela de tul rosa y mucho humo, apareció ella: Chica Sobresalto. **Es como Luz Estelar de *The Boys*, pero en cutre y vestida de sufragista espacial.** Lleva un helado en el pecho porque le flipan, pero no puede comerlos. Se apodera de su kryptonita y nada puede con ella. Botas negras, altas y con cordones. El pelo suelto y revuelto como si no se hubiera peinado nunca, como si se le hubiera secado al aire después de salir del mar.

Ella sobrevive donde solo lo hacen las cucarachas, carismática y feliz, sin dolor de barriga ni complejos. Ella sabe que puede hacerlo, sabe que con un pequeño esfuerzo puede meterse a la gente en el bolsillo y que acabarán aplaudiéndole como a las enfermeras en la pandemia. Sabe que es carismática, que cuando canta, la gente se calla, que incluso bailando mal resulta hipnótica. Es consciente de que tiene algo que hace que la miren, sin ser virtuosa en nada, sin ser preciosa, sin ser nada del otro mundo. Así tiene mucho más mérito que te miren.

Atisbé aquella capa rosada que se movía con un viento inexistente. Se acercó flotando hasta mí y se paró justo delante, a mi altura, mientras todas las personas seguían petrificadas. Yo la miraba con miedo, pero a la vez suplicándole con los ojos que me sacara de aquella situación tan incómoda. Me daba más miedo continuar el concierto que todo aquello tan raro. Siempre me ha dado más miedo la vida real que cualquier fenómeno paranormal.

Chica Sobresalto me acarició la mejilla despacio y me dijo: «Déjame a mí».

Entró por las grietas de mis labios, deshizo el nudo de mi garganta, destensó la boca de mi estómago y le dijo a mi sistema nervioso simpático que «tranquilito».

Sentí que se me instalaba entre la dermis y la epidermis haciendo burbujitas, como cuando en Harry Potter toman la poción multijugos, y... ¡boom! Algún dios le dio al play de nuevo. Ese instante después de reanudar la partida fue el primero de toda mi vida que disfruté de estar allí arriba.

No sé qué dije, pero a alguien le pareció gracioso; no sé qué hice, pero de repente todo importaba menos. Me reí del miedo y de las ganas constantes de desaparecer que tenía. De pronto, me podía quedar a vivir en cada nota, en cada letra que dibujaba con los labios. Todo tenía sentido, las letras empezaron a parecerme completamente orgásmicas. Lo que no encontraba en el sexo, en salir de fiesta o en practicar un deporte de riesgo, lo encontré allí. En mover la boca y crear sonidos, en cambiar las dinámicas con la guitarra. Tenía el control de lo que la gente estaba sintiendo. Nunca he sido más poderosa.

Creí que Chica Sobresalto se quedaría para siempre, que había vivido una especie de catarsis que me había cambiado la vida hasta el final de mis días... Pero el bolo terminó y la adrenalina con él. Bajé del escenario decidida a vivir mi nueva vida de triunfadora entre aplausos. Pero entonces, al poner el pie en el último escalón del escenario, al tocar el suelo, salió entre los dientes al exhalar y se piró. Volvieron las náuseas, la sensación de estar envuelta en ruido y en olores que solo me molestaban... y la ansiedad, la maldita ansiedad. La gente me hablaba, pero yo no podía focalizar mi atención en ninguna conversación.

Recuerdo llamarla antes de dormir, una noche tras otra, de forma enfermiza. Recuerdo rogar, rezar, pedirlo con educación, cabreada, llorando y riendo... Pero nada, no volvió, así que me resigné, asumí que había sido una aparición fugaz que no volvería a darse nunca más.

Me juré a mí misma que no volvería a tocar en público, pero me vi envuelta de nuevo en la típica situación de compromiso, o lo que quiera que sea eso. Y otra vez fui a tocar con cara de culo y diarrea, como siempre.

No te voy a mentir, se me pasó por la cabeza que la mamarracha valiente e inconsciente podía regresar, pero como no soy el típico ser de luz al que la vida le sonríe, descarté la opción enseguida.

Enchufé la guitarra, me acerqué al micro y... mi piel se dilató unos centímetros, creo que hasta crecí cuando apareció.

Ni siquiera pude darle las gracias, llevaba semanas buscándola y la odiaba por ello, pero me dio igual. Dejé que toda la dopamina me recorriera, desprendía adrenalina por cada poro. Creo que me puse hasta guapa. Hice un bolo precioso y cuando bajé del escenario, volvió a marcharse. En esa ocasión, por lo menos me lo esperaba...

Tiene un punto de tirana, pero es que no se puede ser tan magnética en el escenario sin un punto de tiranía, sin ser bastante zorra.

Después de intentar retenerla muchas veces, entendí

que solo vive allí. Por eso creo que no soy capaz de ser feliz del todo en ningún otro lugar. Quiero ser ella todo el tiempo, pero no es compatible con las cosas de la vida cotidiana. La mataría tener que hacer el café por la mañana, mandar facturas o tomarse la sertralina. Sobre todo, tomarse la sertralina.

Ella es como ese amor que nunca mezclarías con la rutina doméstica porque moriría.

«CADA DÍA QUEDA MENOS DE ESA VOZ VALIENTE QUE TE DECÍA QUE SOIS LA MISMA, QUE NO ME NECESITAS. PORQUE NO, NO ERES NADIE SIN LA CAPA Y LA PURPURINA».

2

La Pequeña

La que se quiere esconder debajo del
edredón para siempre

Si oliera a algo, olería a esos bálsamos de frutas para los labios que venían en lata en los 2000.

Si fuera una canción, sería *Ay, Pequeña* de Anne Lukin.

Si pudiera volver al útero materno, lo haría.

Si pudiera decirme algo, sería:

«NO VAS A SOBREVIVIR TU SOLA, ERES PEQUEÑA, ESTÁS PERDIDA, EL MUNDO NO ES PARA TI».

Pese a lo que todo el mundo cree, sí se puede estar en dos lugares al mismo tiempo. Puedes tener el cuerpo en uno y la mente, el corazón y el alma en otro. Paula es muy buena enseñándote a hacer esto. No hablo de viajes astrales ni movidas esotéricas, hablo de meditar y volver a lugares a los que fuiste feliz, abrazar a alguien que ya no está, alguien que fuiste tú y que ya no eres, o eso creías.

Mi cuerpo estaba sentado en el sofá de la consulta, olía a palo santo y podía escuchar las patitas de Blanca, la perrita de Paula, cruzando el salón. Mi mente, sin embargo, atravesaba descalza los caminos que llevaban a los lagos de Leurtza. El sol se colaba por las hojas de los árboles dibujando pequeños destellos de luz preciosos.

—Respira. ¿Dónde estás? —me guía Paula.

—En mi sitio favorito del mundo, camino a los lagos.

—¿Cómo te sientes?

—Nerviosa, quiero encontrarla.

—¿Dónde crees que puede estar? ¿Qué le gusta?

—Las margaritas, le gusta hacer coronas de margaritas.

—Sabes dónde hay margaritas. Ve.

Eché a correr como con miedo a perderla, como si todo pudiera esfumarse de golpe. Llegué a un claro precioso que se expandía ladera abajo hasta llegar a los lagos. Apoyé las manos en las rodillas, sofocada, cogí aire y me incorporé para hacer una foto panorámica hasta donde la vista me alcanzaba. Me pareció verla a lo lejos hecha una bolita, con la cabeza entre las rodillas, sentada en la orilla del lago rodeada de margaritas. Caminé despacio hacia ella, como quien se acerca a un perrito abandonado y asustado. Llevaba unas mayas azules con flores blancas y una camiseta roja, un flequillito descansaba despeinado sobre su frente, por encima de las cejas frondosas y prácticamente unidas entre sí. Levantó la mirada hacia mí, tenía los ojos vidriosos y carita de pena. Me enterneció entera. La pena entró por el pecho y se extendió por todo mi cuerpo como la electricidad. Me acerqué, me puse de cuclillas a su altura y la abracé lo más fuerte que he abrazado nunca.

—La he encontrado, Paula.

—¿Cómo está?

—Triste.

—¿Quieres preguntarle por qué?

—Sí.

—¿Qué te dice?

—Que ha venido a hacer coronas y collares de margaritas, pero que no encuentra ninguna.

—Pero está rodeada de margaritas, ¿verdad?

—Sí.

—Creo que no puede verlas, Maialen. ¿Quieres mostrárselas?

Deshicimos el abrazo que ninguna de las dos quería terminar, la miré a los ojos y le dije que mirara a su alrededor. Sonrió, se le iluminaron los ojos de una forma brutal. Como cuando ves una estrella fugaz en agosto o la nieve caer en diciembre. Pero su alegría duró poco. Me dijo que le habían dicho que esperara allí, que se quedara quieta y que no tocara nada porque podía romperlo.

—Dile que puede correr, saltar, rodar ladera abajo y coger las margaritas que necesite para hacer dos coronas, una para ella y otra para ti. ¿Está contenta ahora?

—Sí.

—Dile que no está bien que la hayan dejado ahí, que a partir de ahora ese será vuestro lugar y que no la vas a dejar sola nunca. ¿Está tranquila?

—Sí, creo que sí. Está riendo y fabricando abalorios.

Me senté en la hierba a verla jugar concentrada con las flores, respiré lo más profundo que pude y sentí una paz que no había sentido antes.

—Maialen, cariño, ¿estás preparada para volver?

—Sí, creo que sí, pero ¿puedo venir aquí con ella cuando quiera?

—Por supuesto, de hecho, debes hacerlo. Cada vez que sientas miedo, cierra los ojos y ve a ese lugar. La encontrarás feliz jugando, bañándose en el lago o cantando. Podrás abrazarla y decirle que eres adulta, que tú la cuidas, la amas y la entiendes.

—Vale.

—Venga, pues respira y despídete. Tómate el tiempo que necesites.

Le aparté el flequillo, le di un beso en la frente y le pregunté si estaba bien, si estaba preparada para que me marchara. Me dijo que sí. Le prometí que volvería pronto y se quedó tranquila. Me alejé caminando y al echar la vista atrás pasó algo increíble. Ya no era la Maialen de ocho años, era Murphy, mi perro, corriendo feliz por el césped. Creo que cada vez que me obsesiono con que no esté solo, con que nadie le haga daño y con que nunca muera, lo estoy haciendo con ella. A riesgo de parecer una loca, creo que, de una forma completamente egoísta, cada vez que abrazo a mi perro me estoy abrazando a mí, a esa parte de mí que es pequeña, que tiene que enfrentarse a un mundo para el que no está preparada todavía. Por eso me quita el miedo, por eso solo puedo dormir sola si está él. Porque abrazo esa parte de mí que se sintió abandonada, a la que le daba miedo moverse por si rompía algo y que sentía terror cuando caía el sol.

—Ya está, estoy preparada para volver.

—Genial, bonita, respira hondo y ve visualizando este espacio: la consulta, el sofá en el que estás sentada… Siente el olor del palo santo, el sonido de los pájaros y los coches… Y ahora, poco a poco, ve moviendo los dedos de los pies, las manos… Desperézate si lo necesitas y abre los ojos despacio, cuando tú lo sientas así.

—Gracias. ¿Puedo darte un abrazo?

—Por supuesto.

Cuando sales de la consulta después de un viaje tan bello, de pronto todo parece una tontería. Me habían multado porque había excedido el tiempo de estacionamiento en la zona verde de Madrid. Casi siempre salía de terapia a la hora en la que más tráfico había, pero de pronto eso no me enfadaba, como solía ocurrir.

Desde entonces, vuelvo cada vez que me duele la barriga por los nervios antes de un concierto, cuando no puedo dormir por miedo a un fantasma que no sé qué es, cuando me siento tan pequeña que creo que cualquiera podría pisarme y entonces tendría que viajar en la suela de unas Vans para siempre…

A veces, la niña me enseña los árboles en los que se esconden las hadas cuando se acerca una persona adulta y no quieren que las descubran. Nunca me he considerado adulta, pero supongo que lo soy, porque no puedo verlas.

Otras veces solo nos sentamos una al lado de la otra y respiramos la brisa fresquita de ese lugar que para mí es un sueño. El sitio existe de verdad, son los embalses de Leurtza, por si quieres ir. Te lo recomiendo, no sé si sentirás lo mismo que yo. Tampoco he visto mucho mundo, pero ese es mi sitio favorito del planeta. Un día fui por casualidad con unos amigos y cuando me vi en aquella ladera quería llorar tan fuerte que, de hacerlo, podría haber acabado formando parte del embalse. Creo fielmente que en algún momento viajaré y veré cosas increíbles, que el síndrome de Stendhal se apoderará de mí y lloraré de belleza, pero hay algo que me une a este sitio.

En el fondo, solo es una foto. Una foto que representa en mi memoria quién soy, quién quería ser, cómo quería verme a mí misma. Ni siquiera me llevaron muchísimas veces, pero algo ocurrió allí que hizo que me uniera al agua y a las flores de ese lugar para siempre. Desde pequeña soñaba con ser salvaje, con estar unida a la flora y a la fauna de alguna manera. Mi sueño era poder hablar con los animales o que la hierba tuviera realmente la textura que parece tener en los dibujos animados. Aquel día en la consulta me descalcé y me sentí como Pocahontas guiada por el viento. Nunca quise ser una princesa, quería ser un animal mitológico.

Más o menos con la edad de esta Maialen pequeña a la que me encontré aquel día de terapia, mis tíos solían llevarme de vacaciones con ellos y con mi prima, dos años mayor que yo. Mis padres no tenían dinero para ir a ningún sitio en verano y yo creo que les daba pena. Siempre que alguien hace algo por mí pienso que es por pena. A veces íbamos a un hotel en el Mediterráneo y otras a un camping en Cantabria. No tengo nada en contra del Mediterráneo, al contrario, me flipa, pero las playas de Cantabria son la cosa más bella que he visto en mi vida (seguro que repito un montón de veces que algo es la cosa más bella del planeta; lo siento, no puedo decidirme cuando se trata de comidas ricas y cosas bonitas). Mis tíos llevaban un carro amarrado al coche con una de esas bolas de enganche. El carro se abría en dos y se transformaba en una tienda de campaña enorme con dos habitaciones. A mí me parecía magia.

Sin embargo, cuanto más me alejaba de mi casa, más insegura me sentía. Recuerdo querer complacer a toda costa, intentar no molestar por encima de cualquier cosa, pese a estar con personas de mi familia. El sentimiento de no pertenencia me ha perseguido toda mi vida y no entiendo muy bien por qué. Tenía la sensación de que nadie quería estar conmigo.

Un día, dando un paseo por aquel camping, vi una tienda que albergaba una luz enorme y rarísima. Estaba atardeciendo y nadie tenía las luces encendidas todavía. Era como si el sol se hubiera metido dentro de aquella tienda de campaña. No pude evitar acercarme y abrir la cremallera. Miraba alrededor sin parar por si la dueña de la parcela me pillaba. Tenía más curiosidad que miedo, así que abrí la cremallera rapidísimo —me encanta el sonido de las cremalleras de las tiendas de campaña— y miré dentro. Era enorme, un túnel larguísimo. El sol parecía estar más lejos, como cuando en las pelis describen, cuando alguien muere, el camino hacia la luz. Por un momento, pensé que quizá me había golpeado la cabeza en la piscina y había muerto o que había sufrido un corte de digestión de esos famosos porque me había comido un helado de chocolate y galleta justo antes de bañarme. De hecho, tenía un manchurrón enorme en la barriga que me delataba. «Si he muerto, ya no puedo hacer nada —pensé—. Además, yo no quiero ser un fantasma, prefiero ir a la luz». Así que empecé a caminar, al principio despacito y luego más deprisa. Estaba empezando a hacerse demasiado largo. El túnel olía a fango, humedad y flores y la luz cada vez parecía estar más cerca.

Siempre que tengo miedo, canto, desde pequeña. Suena friki, absurdo y naif, pero lo hago. Ese día elegí *Knockin' on Heaven's Door* porque creí que venía bastante al caso, pero como solo me sabía el estribillo, lo repetí sin parar hasta que una figura humana al final del túnel hizo que me paralizara de puro pánico. «Espero que no sea Dios porque no estoy bautizada», pensé.

Todavía me pongo nerviosa cuando me cruzo con un cura o una monja por la calle porque temo que se den cuenta con sus superpoderes divinos de que soy el demonio. Cuando era niña, quería caer bien a las monjas, les sonreía y saludaba muy amablemente y con cierto temor, pensaba que eran seres de luz. Y yo, por supuesto y como siempre, la oscuridad, el pecado y el mal. Si he tenido esta percepción creciendo en una familia *a priori* atea, no quiero imaginar la tóxica huella que ha debido de dejar el catolicismo en otras familias. Y es que igual que no se puede ser cien por cien feminista en una sociedad patriarcal, igual que tenemos que luchar para no ser racistas, gordófobos o tránsfobos. Nadie que venga de generaciones a las que se les ha impuesto fuertemente la religión se libra de los principios católicos. Por eso yo tenía miedo de los curas y quería agradar a las monjas; no había recibido una educación religiosa, pero tenía la culpa como forma de vida. ¿De dónde viene la culpa? Adivina. Perdona, sonríe, cuidado con la falda que se te ven las bragas, sé una señorita y besa, aunque no quieras, a tu tío el que huele a pacharán. Todo esto tiene un nombre y es violencia. **La culpa es violenta, obligar a una niña a besar es violencia, tener que sonreír cuando quieres llorar es violento, sentir que debes avergonzarte de lo que tienes entre las piernas es violento.**

Aquella figura al final del túnel no era Dios (menos mal). Era una chica de unos dieciocho años, con el flequillo como el mío, la nariz afilada, las clavículas prominentes y los dientes torcidos. Se acercó a mí con urgencia, me cogió la carita y me miró a los ojos para hablarme.

—Hola, Maialen, ahora mismo no puedo ayudarte. Por favor, ve a la ladera llena de margaritas y espérame allí. Volveré a por ti, pero ahora no puedo. No has hecho nada malo y te prometo que llegará un día en el que puedas estar donde tú quieras. Podrás irte de aquellos lugares o circunstancias que no te gusten y no tendrás que volver a darle un beso a quien no quieras. Espérame en las margaritas y no toques nada por si acaso. No te muevas mucho, no vaya a ser que te pase algo, por favor, espérame.

Desapareció. Seguí caminando, la luz me cegó con su potencia y tuve que cerrar los ojos instintivamente. Cuando pude volver a abrirlos, estaba en las faldas de una ladera que daba a un lago precioso. La brisa templada me movía el pelo. Respiré profundo y sentí paz. Me quité las zapatillas y los calcetines y noté la hierba húmeda entre los dedos de los pies. Aquel sitio me sonaba, puede que hubiera ido un día con mis padres y con una amiga de la infancia. Esa amiga fue mi primer contacto con la realidad, con las relaciones y sus rupturas. Me enseñó que nada es para siempre y que no existen las buenas y las malas, aunque quizá ella siga pensando que fui el demonio que aquellas monjas me hacían sentir que era.

No encontré las margaritas, me senté a esperar a la chica que olía a plantas y que tan angustiada parecía. Cada segundo era un mundo, me agobié muchísimo y, rendida, me eché a llorar. Las lágrimas caían por mis mofletes a raudales, pero no hice ruido. No sé cuánto tiempo pasó, solo sé que me picaban los ojos y que estaba cansada. De pronto, sentí que alguien se acercaba, pero no quise mirar, tenía mucho miedo. Me abrazó. Cuando levanté la vista, habían crecido un montón de margaritas a mi alrededor. Juro que no estaban allí cuando llegué.

«NO VAS A PODER SOLA, LO ROMPES TODO, TIENES MUCHO MIEDO, HAY MONSTRUOS POR TODAS PARTES».

3

La Jueza

La que siempre intentó hacerlo un poco menos como ella y un poco más como cualquiera

Si oliera a algo, olería a goma de borrar y a una mezcla de grafito y arcilla.

Si fuera canción, sería *Agárrate a mí, María* de Los Secretos.

Si pudiera encerrarme en un armario, lo haría. Se avergüenza profundamente de mí y preferiría que nadie volviera a ver los poros dilatados de mis pómulos y de mi nariz.

Si pudiera decirme algo, sería:

«SER TÚ NO FUNCIONA, ESTÁS ROTA, NO VALES, DEBERÍAS SER UN POCO MÁS COMO ELLA».

¿Te acuerdas de las mesas y sillas verdes del cole, esas que tenían unos circulitos de metal en los que se te quedaba el pelo enredado? Los corazones tallados en la madera con iniciales de adolescentes que seguramente ya se han olvidado. La mochila morada (que aún conservo) colgando del respaldo de la silla, un coletero por cada mejor amiga en la muñeca y las hormonas empezando a hacer conjuros en el hipotálamo.

Recuerdo que hicimos un librito de recetas entre todas las alumnas de clase. Cada una llevó una y luego la profe las unió y nos hizo una fotocopia para cada una. Yo llevé la receta del bizcocho de yogur que hacía siempre mi *ama* en casa. Yo intentaba con toda mi alma que quedara bien, hacer la letra pequeñita y ordenada y no tener que tachar cosas. Era imposible. Empezaba escribiendo una palabra y acababa con otra, haciendo una especie de híbrido extraño que terminaba en un tachón horrible… Me decían que era porque no me interesaba, que era vaga y que hacía mucho menos de lo que podía hacer. Pero no era verdad. ¿Qué niña no busca constantemente la aprobación y el aplauso de su profesora o de sus progenitores? Lo que pasa es que cuando nunca la encuentras, llegas a los trece y te hinchas a porros y haces pellas. O eso hice yo al menos.

Pero vuelvo a las recetas. Cuando terminé la mía, me pareció que había quedado chulísima, con sus ingredientes, sus dibujos y todo. Me había esforzado muchísimo y creía en la meritocracia y en la cultura del esfuerzo, sin ser yo consciente de ello.

La meritocracia es como los Reyes Magos de la adolescencia. Pertenezco a esa generación en la que el esfuerzo, el sacrificio y el honor le quitaron el puesto a Dios. Ya no nos bautizaban sistemáticamente, pero nos decían que nos esforzáramos y que estudiáramos inglés. Recuerdo a mis padres hablando con otras personas adultas, haciendo una especie de alarde de la capacidad para sufrir. Un juego absurdo en el que se medían para ver quién había trabajado estando más enfermo o con más huesos rotos. Es la cultura del sacrificio: cuanto más duele, más te lo mereces. Es casi peor que el catolicismo, si es que no es el catolicismo.

Mis padres creen que no son religiosos, pero su cultura del trabajo es prácticamente igual. Nos dijeron que debíamos hacer una carrera y tres másteres para poder comprarnos una casa y no ser esclavas del sistema. Nos instaron a que aprendiéramos inglés, chino y alemán. Nos educaron para que intentáramos ser funcionarias y disfrutar de nuestros quince días de vacaciones en la playa, bien merecidas por haber sufrido el resto del año en un trabajo que no habíamos elegido, pero por el que teníamos que dar gracias.

Vuelvo de nuevo a las recetas. Llegué a casa con el librito, creyendo que mi esfuerzo se iba a ver recompensado. Abrí la puerta de casa de mis padres, pero no estaban. Todo estaba oscuro y olía a rancio, como cuando se te pudre un limón en el frutero y afecta al resto de los limones. Las esquinas estaban llenas de telarañas gruesas y el suelo húmedo.

—¡*Ama, aita!* —grité con miedo y desesperación.

Siempre he creído que ante las adversidades me crezco; me enfrento a las cosas, aunque luego me tire un mes sin dormir.

Una voz como sintetizada con *vocoder* que venía del fondo del pasillo, de mi habitación, me habló.

—Maialen, tengo algo que decirte —escuché claramente.

La voz no era la de ninguno de mis padres, así que me cagué de miedo mientras pedía a todos y a ningún dios que aquello fuera una broma del tonto de mi padre.

—¡*Aita*, si es una broma, no tiene risa!

Ya había asumido que pasaba algo raro, pero mantenía la esperanza de que mi padre me estuviera dando un susto horrible.

Fui a la cocina e, intentando no hacer ruido, cogí el cuchillo de cortar peces y conejos, ese que tanto asco me daba. Ni siquiera sabía utilizarlo, pero me sentía más segura con él en la mano. Creo que sería capaz de apuñalar a alguien que quiere hacerme daño en un momento dado, pero imagino que es algo que no se sabe hasta que ocurre. Luego caminé temblando hasta mi habitación. En el trayecto, imaginé cómo sería mi vida después de matar a esa persona que pretendía hacerme algo malo. Escondería el cadáver y mentiría a la policía, pero me volvería irremediablemente oscura. Me convertiría en Maialen mala, me acabarían pillando y me haría un montón de tatuajes chungos en la cárcel. Sería como cuando en *Community* tiran un dado para ver quién baja a por la pizza y se crean no sé cuántas realidades paralelas. En una de ellas, cada personaje se ha convertido en su versión maligna. Me encanta esa serie. Entré en mi habitación, que tenía las paredes naranjas (típico de una preadolescente de Pamplona con botas de monte y mayas) y una litera que no era una litera, una cama de esas con otra escondida debajo, una cama nido. Sí, era mi habitación, pero mucho más oscura, como en el mundo al revés de *Stranger Things*. Esa fue la primera vez que la vi, sentada en mi no litera, mirándome con los ojos muy abiertos, como expectante.

—Siéntate conmigo y enséñame eso que llevas en la mano.

—¿El libro de recetas?

«Espero que no sea el cuchillo», pensé.

Se parecía a mí, pero en un videoclip de The Cure. Dejé de temblar, aunque no sé muy bien por qué; otra vez, tenía más miedo a la realidad que a aquella situación paranormal. Me senté con ella, dejé el chuchillo sobre la cama y le di el librito. Supongo que cuando alguien se parece tanto a ti, te inspira confianza, como cuando nos creemos cualquier estupidez que nos dice nuestra cabeza, por loca que sea, solo porque es nuestra cabeza.

—Veamos, ¿cuál es tu receta?

—La del bizcocho de yogur, mira.

Abrí el librito por la página en la que estaba mi obra maestra.

—No está mal. He probado este bizcocho, está riquísimo. El dibujo es bonito y las indicaciones se entienden muy bien. ¿Vemos juntas las demás recetas?

—Vale.

No me pareció mala idea, me estaba cayendo bien aquella versión oscura de mí misma.

—¿Has visto qué letra más bonita tiene esta chica? Mucho más ordenada que la tuya. Por cierto, qué recto escribe Menganita, madre mía, es flipante. ¡Qué preciosidad de dibujo! Tú nunca pintarás así... Es una pena... Mira, a este se nota que lo han ayudado en casa, seguro que sus padres no tienen que trabajar tanto como los tuyos y pueden hacerlo. Deberías estudiar bien este librito para copiar las cosas que tú haces mal y que el resto hace taaan bien. Deberías intentar hacerlo como ellas.

—Pero me he esforzado mucho y... —No pude terminar la frase.

—Tendrás que esforzarte más entonces, pero en copiar a alguien, porque tú no estás funcionando bien, querida. Siento decirte que no hay un ápice de talento en ti... Te lo digo porque quiero que mejores.

—Vale, estudiaré cada movimiento de las personas que lo hacen bien, te lo prometo. —Tenía los ojos llenos de lágrimas y solo quería que me abrazara.

Me devolvió el librito, me puso la mano en la espalda y

me dio un empujoncito para que bajara de la cama. Cuando mis pies tocaron el suelo, me sentí diferente. Miré atrás y ya no estaba, pero seguía oliendo a ella.

Efectivamente, mi mundo se volvió más oscuro para siempre, pero no por haber matado a nadie, sino por haber abierto una grieta permanente en mi forma de mirarme. Ella nunca se fue. La recuerdo diciéndome que aquel chico no me iba a mirar en la vida, que nunca ganaría el maldito concurso de relatos del instituto o que imitara la forma de bailar de mis amigas porque la mía era vergonzosa.

Cada vez que me encuentro en una circunstancia difícil, todo se vuelve del revés y ella me susurra cosas horribles al oído. Nunca sé si lo estoy haciendo tremendamente mal o bien. Nunca sé nada si no recibo una valoración externa. Y así, como una yonki de la aprobación de los demás, crecí.

«ESTÁS MOLESTANDO, TE ODIAN. NO SABES HABLAR, NADIE ENTIENDE QUÉ HACES AQUÍ. DEBERÍAS SALIR CORRIENDO. CUANDO TE VAYAS, HABLARÁN MAL DE TI. SOLO QUIERO PROTEGERTE».

4

La Mentirosa

La que inventaba historias de pequeña
para que le hicieran caso en el cole

Si oliera a algo, olería al humo que expulsan las máquinas de los conciertos y las montañas rusas.

Si fuera una canción, sería *Whenever, Wherever* de Shakira.

Si pudiera decirme algo, sería:

«TU REALIDAD NO ES INTERESANTE, VAS A TENER QUE INVENTAR ALGO MUCHO MEJOR SI QUIERES CAPTAR LA ATENCIÓN QUE NECESITAS PARA MEJORAR TU AUTOESTIMA DE MIERDA».

Siempre he sido mentirosa, supongo que es mucho más guay cualquier cosa que pueda inventar que la realidad.

Cuando era niña, creía que las motas de polvo se ponían guapas los fines de semana. Me explico. Cuando el sol entra por la ventana y el polvo de tu habitación se revuelve y flota, brilla con la luz. Yo solo veía brillar el polvo en mi habitación los sábados, domingos, festivos y vacaciones. La ecuación era bastante obvia para mí: el polvo solo brilla cuando es fiesta.

Un día me quedé en casa sin ir al cole porque estaba enferma. Cuando mi *ama* levantó la persiana, vi el polvo brillar. Era martes, un martes cualquiera. ¿Cómo era posible? Seguramente tú lo has entendido hace un rato, pero yo nunca he sido especialmente inteligente, así que me costó pillarlo. El sol solo entraba por la ventana de mi habitación por las mañanas, por eso de que el sol sale por un lado y se esconde por el otro, nunca aprendí por cuál. Así que los martes, por lo visto, el polvo también se vestía de gala, solo que yo normalmente no estaba en casa para verlo. Para cuando yo llegaba del cole, el sol ya no entraba por mi ventana. Me llevé tal desilusión al entender que no era magia que tuve que inventarme algo. Decidí hacer como si no hubiera descubierto el truco y seguir pensando que el polvo era de hadas los días de fiesta.

Siento que cada mentira que he dicho siendo niña ha sido una pequeña venganza contra algún aspecto de la realidad que me ha decepcionado. Con la mentira conseguía dos cosas increíbles. La primera y más importante, creérmela yo misma por un instante. La segunda, ser mucho más interesante para el resto, captar atención. Recuerdo que en mi clase me escuchaban cuando hablaba; luego ya me tomaban más o menos en serio, pero, de primeras, me hacía oír. Siempre he sabido cómo hablar para que me hagan caso, tengo muchas herramientas de manipulación en la riñonera con las que puedo conseguir casi lo que quiera. Podría hacer que fueras vegana en un par de días si me lo propusiera.

Conclusión: mentimos por vengarnos de la realidad. Una no puede ganar a la verdad, pero sí pasarse toda una vida mintiendo.

Era invierno. Yo me había pedido por mi cumple unas botas con cordones que se parecían a unas que llevaba Shania Twain en el DVD del concierto en directo que veíamos en la tele. Por otro lado, se acercaba el mayor acontecimiento que había vivido en mis once años: el concierto de Melendi en el que iba a estrenar esas botas. En mi clase generaba un poco de risa que fuera tan fan de Melendi, pero lo era. Hasta que se cortó las rastas, por supuesto.

Siempre que he sido fan de algo o de alguien, lo he sido hasta la médula, si no, ¿para qué? En general, me gusta ir al límite de las cosas. Puedo cruzar la línea que separa el amor del odio en un instante, y viceversa. Además, tengo el don de imaginar una realidad mucho más increíble de lo que luego acaba siendo, lo que significa que mis expectativas son prácticamente imposibles de superar.

Había un momento en la canción *Sé lo que hicisteis* que dice: «Tus vaqueritos rotos, tus vestidos cortos de vida alegre». Yo, en mi cabeza, me había montado la peli de que cuando Melendi cantara eso en el concierto, me miraría dedicándome esas palabras. Fue una pasada en mi cabeza. Obviamente, no ocurrió. Para empezar, nuestras localidades estaban en la grada, estábamos lejísimos; y, de todas maneras, fue mejor así, porque habría sido pura pedofilia. El concierto transcurrió sin pocas cosas mágicas.

Recuerdo que justo antes de que empezara el bolo, me hacía muchísimo pis. Llevaba mucho rato aguantando, pero no dije nada porque me daba pánico perderme algo. Llegó un momento en que creí que me iba a desmayar o que me estallaría la vejiga y le dije al *aita* que me llevara al baño. La cola del baño de chicas era inmensa, así que mi *aita* me metió en el de chicos. Creo que ese día fue la primera vez que vi una polla en uno de esos meaderos horribles en los que los tíos orinan de pie porque son muy machos para sentarse en ningún sitio. No me gustó. La gente fumaba maría y bebía cachis de cerveza (en Madrid se llaman minis y no entiendo por qué, si son enormes). No me gustó. No me gustó nada.

El lunes llegué a clase y les conté a todos que Melendi me había mirado, por supuesto, aunque, en realidad, solo me había mirado un tío fumado con el pito fuera haciendo pis y seguramente preguntándose qué hacía una cría de once años en un baño de tíos.

Además de la maravillosa historia de Melendi, había algo en mi vida que me permitía mentir mucho sin peligro de que me pillaran: mi pueblo. Primera mentira, porque no es mi pueblo, ni siquiera mi madre nació allí. Es el pueblo de mi abuela, Leopolda la Titana. Se llama Alconchel y está en Badajoz, cerca de Olivenza. Es pequeñito, pero tiene un castillo precioso. En verano hace un calor sofocante y en invierno te mueres de frío, me siento identificada con el clima de «mi pueblo». Había ranas en la piscina, la verbena duraba todo agosto porque les encantaba la fiesta y si pedías un vaso de agua en un bar, te señalaban una vasija de barro. Me costó aprender a beber del botijo, pero luego quise tener uno para beber así en mi casa. Dormíamos en la antigua casa de mi abuela, donde ella nació. Un día me puse un vestido suyo y sus gafas y le hizo tanta gracia que siempre lo recuerda. Me encantaba pasar los veranos allí.

El caso es que Alconchel estaba lo suficientemente lejos de Pamplona como para que yo pudiera inventarme todo lo que quisiera y contara historias loquísimas sin que nadie nunca descubriera que eran mentira. Al final, creo que solo necesitaba atención a toda costa. Esto es feísimo de aceptar, pero lo hago.

Solo pasé dos o tres veranos allí, pero me dio para muchas anécdotas. Recuerdo una en concreto, con la cual no entiendo muy bien qué pretendía. Dije que me habían sobornado para que le diera una calada a un piti, con once años. Y ya está. Es absurdo, y encima a mis compañeros les pareció que era algo de lo que podían burlarse, así que me salió regulín.

En el pueblo, decía que me había morreado con un par de chicos en Pamplona. En realidad, tuve mi primera oportunidad a los trece con uno que me gustaba muchísimo, hasta que me quiso besar y dejó de gustarme. Se acababa de comer un helado y tenía los morros manchados de vainilla. No me apetecía comer vainilla del bigote de un adolescente. Mi primer beso fue en un cine con otro chico que me flipaba, hasta que me tocó el culo por debajo del pantalón y dejó de gustarme. Volvimos a casa en el autobús desde el centro comercial hasta casa sin hablar. Tenía confianza para meterme la mano por el pantalón, pero no para hablar de ello. Los chicos son tontos. Creo que la siguiente vez que me tocaron el culo por dentro del pantalón tenía diecisiete años.

En Alconchel llevaba ropa que en el cole nunca habría llevado y me gustaba, sentía que podía ser otra persona. Otra persona que nunca era yo, en ninguno de los dos sitios. **Desde muy pronto me di cuenta de que no sabía quién narices era, pero tenía claro que quería ser otra.** Quería parecerme a la chica pelirroja de la clase de al lado. Tenía el pelo rizado y pecas en la cara. La piel blanca como la de una princesa. Sus cosas eran nuevas, limpias, y ella ocupaba poco espacio. Hablaba poco, era inteligente pero no sabionda ni prepotente. El otro día mandaron una foto al grupo de WhatsApp de mi cuadrilla, se ve que acaba de casarse. Seguro que tiene un título universitario, un máster, una estantería llena de libros sin subrayar en su casa… Seguro que cena merluza a la plancha con espárragos trigueros y que su marido es médico, abogado o arquitecto. Seguro que no tiene virus del papiloma humano, seguro que nunca ha tenido una ETS. Seguro que nunca les dio un disgusto a sus padres. Seguro que ha ido a Vietnam de luna de miel y ha traído especias para toda la familia. Seguro que se queda embarazada enseguida, en cuanto lo intenten. Seguro que tiene un embarazo precioso y que, pese a ser una persona pragmática, lleva un llamador de ángeles que le regaló una amiga para que su hijo lo escuche desde su pequeña barriga. Seguro que es la típica que sabes que está embarazada porque te lo ha dicho.

La novia de Spiderman también era pelirroja y preciosa. Mulán era blanquísima y tenía el pelo sedoso. Yo no quería ser yo, yo quería ser una princesa y tenía muy claro que no lo era. Por eso solo me quedaba la mentira.

Las trolas que me he contado a mí misma y que he contado al resto me han salvado la vida. Hay una canción de Love of Lesbian, mi grupo favorito, que dice: «A veces, tus propias mentiras son buenas razones en las que creer». Si lo dice Santi Balmes, es que es verdad.

Si alguien de mi clase está leyendo esto, siento decirte que Melendi nunca me miró, que no fumé en el pueblo, que no había polvo de hadas los sábados por la mañana en mi habitación y que mi padre no tenía un camión rojo en propiedad. Esto último no paraba de decirlo. Al principio, yo creía que era verdad porque él conducía un tráiler, pero luego me enteré de que era de una tal «empresa», pero decidí seguir pensando que era de mi *aita*. Una vez me dejó tocar la bocina, fue increíble. «A lo mejor no he fumado, ni me he besado con nadie, ni soy una pelirroja de cuento, pero mi padre tiene un puto camión enorme, cabrones».

Gracias a la mentirosa por fomentar mi creatividad. Al final, cambié las mentiras por las canciones. Me transportan igual, hacen mi vida mejor igual y no miento a nadie. A veces miento un poco, nada patológico, pero nunca sabrás si es verdad, como en la vida… **Creo que nunca tenemos la certeza de nada.**

«LA REALIDAD ES UN PUTO TOSTÓN, DALE CAÑA A LA IMAGINACIÓN, NENA».

5

La Punki

La que solo sueña con plantar fuego a
unas cuantas instituciones

Si oliera a algo, olería como huele el pelo al día siguiente de estar en un garito.

Si fuera una canción, sería *So payaso* de Extremoduro.

Si pudiera darme una patada en la boca, lo haría.

Si pudiera decirme algo, sería:

✕

«TU PONTE A LA DEFENSIVA, POR SI ACASO».

A veces sé que no tengo razón, pero sigo discutiendo porque me he encariñado con una idea y me niego a aceptar que es equivocada. Le he cogido cariño a esa mentira que he defendido a capa y espada. Nunca me ha gustado el fútbol, pero es como si te piden que cambies de equipo. Ahora lo hago menos, pero de adolescente era una constante. De hecho, este era el personaje que más tiempo habitaba. Creo que de pequeña fui guardando toda la frustración en un lugar de mi cuerpo que se llenó de besos que tuve que dar a gente a la que no quería besar; de vestidos que no quería ponerme; de las primas y primos de tus primos, los de la otra parte de la familia, esos que te resultan tan raros y que hacen que tu prima cambie de actitud contigo; de profesoras que me montaron una bronca porque sí; de aquel bedel que hizo que me meara encima de miedo. A veces lo veo en pesadillas a este señor. No creo que nunca leas esto, Jesús, pero quiero que sepas que eres un puto cabronazo de mierda y que te odio. Me gusta pensar que ya no soy una niña, tengo treinta años y él tendrá fácilmente setenta. Si me lo encontrara ahora, podría darle una paliza y, si no es ahora, dale diez años más para ser un anciano indefenso, pero seguramente igual de cabronazo. Como aquel otro abuelo tuerto y con gorra que me tocó el culo un día al pasar delante de él con mi madre. Ella no se dio cuenta y yo no volví a ponerme esos pantalones por si eran demasiado provocativos. Ese señor ya estará muerto, espero que se haya reencarnado en fregona de comedor escolar.

No soy consciente de mi tamaño, ni de mi poco poder adquisitivo, ni de que a veces, cuando grito, doy más risa que miedo. Tener mala memoria tampoco me ayuda. Cuando fui a *Operación Triunfo*, en la primera semana en la academia, dije que la gente de la tauromaquia era una panda de gilipollas y psicópatas y que la situación era muy nazi. Luego intenté dar datos de por qué la tauromaquia no beneficiaba a nadie, pero no fui capaz de recordar las cifras exactas. Así que mi discurso fue pésimo. **A veces sé que algo no está bien, pero no recuerdo por qué.** En este caso, creo que la tortura y muerte de un animal indefenso y dócil a manos de un señor fascista y rodeados por un montón de gente a la que parece que le sobra el dinero…

No hay mucho que debatir. Lo tengo claro, creo que hay cosas que no hace falta ni siquiera argumentar.

Hace poco, en una boda, entré en un bar de pueblo y vi que tenían cabezas de toro colgadas en la pared. Cuando me bebo dos cervezas, me vuelvo más zorra todavía, así que en cuanto entré, grité de forma espontánea: «¡Qué hijos de puta!». No hay nada que argumentar, eres un hijo de puta y punto. Me miró todo el bar y a mi novio casi le da un síncope. Creo que lo pasa mal, pero que en el fondo le gusta.

En otra ocasión, recuerdo que tuve que salir corriendo porque se había complicado una manifestación y yo no tenía muy claro ni siquiera por qué estábamos protestando ese fin de semana. Siempre di por hecho que la gente que se manifestaba o que salía perdiendo tenía la razón, así que me posicionaba sin pensarlo. Luego vi en la tele que los cazadores, los antiabortistas y los falangistas también lo hacen y pensé: «Entonces igual tengo que leer más antes de tirarme a la calle». Siempre he estado sistemáticamente en contra de las figuras de poder, como la policía, los profesores, los jefes y los funcionarios con cargos de poder en general. Juro que lo cuento como un defecto, pero como **he decidido que este libro sea una oda a la mediocridad y un manual para ponerme verde**, pues ahí va. Además, no creo que la gente que me insulta en Twitter lea esto, así que no les estoy dando facilidades tampoco. Más de las que ya tienen, quiero decir, que ya son unas cuantas. **Cuando una se expone a las cámaras veinticuatro horas al día, toda esa gente que te conoce más de lo que te gustaría, te toma la delantera si quiere destrozarte.**

Un día, de pequeñita, estaba dibujando en el suelo de mi habitación. Mis padres estaban trabajando (para variar), así que me estaba cuidando mi abuela. Yo tenía el lápiz en la mano y un enchufe en el que no había reparado hasta entonces delante de mí. Mi abuela Leo se asomó a la puerta de la habitación y me dijo: «Niña, no vayas a meter el lápiz en el enchufe». Creo que no hace falta que explique que ese día descubrí la electricidad. Nunca lo habría hecho de no venir mi pobre abuela a decirme nada. Otra vez, estaba mi madre planchando en el salón. Recuerdo esos días de invierno en los que se hacía de noche enseguida y el salón se llenaba de vapor con olor a ropa limpia. «Cariño, voy al baño, no se te ocurra tocar la plancha». Ese día supe lo que era quemarse. Puse todo el dedo gordo en la plancha, solté un grito sordo y me callé la boca. «No vayas a comerte toda la pizza tú sola», primera y última vez que vomité de tanto comer. De alguna manera, sabía que todas esas cosas iban a hacerme daño, pero nunca he podido contenerme ante una prohibición. **Además, siempre he preferido darme una hostia que acatar las normas o pedir ayuda. Así me va.**

El 8 de marzo cortábamos la calle contigua al instituto con una pancarta. Yo aún no tenía muy claro qué era el feminismo. Sabía que era feminista y me parecía completamente lógico al pertenecer yo al bando «vulnerado». Un día, una mujer paró el coche delante de nosotras, se bajó y nos dijo: «Por favor, mi hija está en casa enferma y tengo que ir a llevarle la medicación». Llevaba una bolsa de farmacia en la mano y estaba claramente cabreada. Nos quedamos en shock porque, de repente, no sabíamos qué era más revolucionario, si seguir con nuestro plan de molestar para hacernos oír o no complicarle la vida a una mujer que, como todas, estaba a cargo de los cuidados de su hija. De pronto, vimos un coche de policía acercarse. Recogimos a toda velocidad y nos metimos en el patio del instituto, allí no podían hacernos nada.

Aquel año pasé más horas en la sala de castigo y en la calle que en clase. Creo que en todo el curso asistí a unas cinco clases de gimnasia y encima la profesora de Educación Física, Sara, era también mi tutora. Llevaba gafas, el pelo teñido de rojo cobrizo y el flequillo recto por encima de las cejas. Nunca la vi en vaqueros. No nos aguantábamos la una a la otra, pero ahora, con el tiempo y pensándolo bien, intuyo que ella tampoco pasaba por un buen momento. Suspendí, por supuesto. Me dijo que no podría pasar a bachiller porque había dejado una asignatura de cuarto de la ESO, cuando todo el mundo sabe que eso no es una asignatura ni es nada (es broma, pero, si quieres, no es broma). Me dijo que si quería aprobar, tenía que leer un libro en verano y hacer un trabajo sobre el mismo. No recuerdo el nombre del libro; lo he buscado, pero no lo encuentro y me da una pena terrible porque fue increíble. No pensaba leérmelo, sinceramente. Era una autobiografía, y mi plan era ver un par de entrevistas de la prota en YouTube y escribir algo cutre en una hoja de cuadraditos. Aquella señora no iba a hacerme repetir cuarto de la ESO por culpa de una seudoasignatura del demonio que pretende que vayas a clase en chándal, sudes y te duches con toda tu clase en unos vestuarios malolientes. Sabía que por muy mal que hiciera el trabajo, no iba a querer aguantarme un año más.

La autora del libro era una gimnasta increíble que narraba lo difícil que es dedicarse profesionalmente a la gimnasia rítmica. Hablaba de los cambios físicos en la adolescencia, de la amenorrea, de los desórdenes alimenticios, de los duros entrenamientos y de la competitividad. Recuerdo un pasaje concreto en el que hablaba de los caramelos que conseguían colar en aquellas residencias en las que las metían. Empaticé mucho con ella y no tenía ningún sentido, no nos parecíamos en nada. Ella era trabajadora, constante, admirada… y yo un puto desastre. No solo vi las entrevistas, sino que devoré aquel libro. Escribí muchísimo sobre cómo me había inspirado su historia y su forma de contarla. Cuando terminé, me di cuenta de que el trabajo era demasiado bueno para mi «venganza», así que hice otro peor, arrugué la hoja y se lo llevé a Sara en septiembre. Aprobé y me salí con la mía. Recuerdo salir de allí pensando: «No sé por qué he hecho esto». Pero no miré atrás.

Hola, Sara, probablemente hoy en día también nos caeríamos mal, pero lo siento mucho, de verdad. Siento haber sido tan tocanarices y siento haberte hecho llorar aquel día que te dije que no iba a volver a clase porque no quería molestar. No sé si lloraste de impotencia o te había pasado algo, pero lo siento de verdad. Siento haberme escapado del instituto corriendo delante de ti aquel día, siento haber sido una adolescente tan irreverente.

Ojalá pueda verte en vaqueros algún día.

Nos hemos escapado de casa, hemos dormido en portales, bebido hasta vomitar (yo no tanto). Me hubiera metido hasta heroína de no ser porque al séptimo porro empecé a alucinar. Seis o siete blancazos después me di cuenta de que quizá todo lo que alterara mi estado de conciencia no era bueno para mí.

Los chupetones de aquel chico que me marcó como una vaca, aquel chico que sabía que no quería enrollarme con él, que sabía que no lo habría hecho de no estar completamente borracha y anestesiada, pero le dio igual. Bueno no, no le dio igual, aprovechó la situación, que es todavía peor. Me desperté con aquellas marcas de vergüenza y asco por todo el cuello, fue horrible. Ese día decidí seguir emborrachándome hasta desmayarme, pero no acercarme a un chico nunca más en toda mi vida. Hasta aquella otra vez que perdí el móvil, me fui a dormir a casa de otro y no di señales de vida hasta el día siguiente a las siete de la tarde. Este era bueno.

Escribiendo esto me he dado cuenta de que no tengo muchas aventuras más… Hace poco un tío me persiguió un rato con el coche porque le hice dos peinetas y lo insulté varias veces; nos adelantó imprudentemente en una carretera secundaria solo para medirnos.

Me peleé en la ITV con un tío que estaba increpando a la chica de la recepción, diciéndole que estaba más guapa sin gafas. Me llevé dos puñetazos: uno por ponerme delante cuando iban a pegarle a un colega y otro por defender a unas chicas de un imbécil que se estaba sacando los huevos delante de ellas. Eso es lo que saben hacer este tipo de tíos, literalmente enseñar los huevos. Supongo que este es mi lado punky, quizá menos de lo que parece. Hay un par de anécdotas que no puedo contar porque tendría problemas legales con contratos que he firmado y no tengo dinero para pagar a una abogada ahora mismo.

«VENGANZA, SOLO IMPORTA LA VENGANZA Y TENER RAZÓN. HAZLO SOLO PORQUE TE HAN DICHO QUE NO LO HAGAS».

6

La Divertida

A La que echo de menos desde hace
un par de años

Si oliera a algo, olería a limón.

Si fuera una canción, sería *Don´t leave me* de Regina Spektor.

Si pudiera mandarme a la mierda los sábados que me quedo en casa en pijama, lo haría.

Si pudiera decirme algo sería:

«¿VAMOS AL BINGO?».

Mi amiga Irati y yo nos conocimos en segundo de bachiller. Una chica de mi cuadrilla (ese fenómeno paranormal vasco), que también se llama Irati (son las María de Navarra), me dijo: «Maialen, una chica de mi instituto se va a cambiar al tuyo, es majísima, te la voy a presentar. Ella es muy vergonzosa, así que háblale tú para que sepa que estará bien». Yo, que en ese momento ni tenía ni conocía la vergüenza, dije: «Vale, perfecto». Eran las fiestas de no sé dónde, no nos perdíamos ni una y, de pronto, apareció la nueva con sus amigas. «Mira, Maialen, esta es Irati», dijo mi amiga haciendo de celestina.

Algo me recorrió el cuerpo. Tenía unos ojos tan azules que me parecía ver en ellos todos los mares en los que nunca me había bañado y el pelo rizado y oscuro, con un flequillo muy de 2010. Llevaba una chaqueta de la Real, sí, el equipo de fútbol (le gusta el fútbol y más cosas que no voy a contar porque se enfadaría, pero la quiero igual). Se sonrojó porque, efectivamente, le dio mucha vergüenza. Juro que yo estaba muy dispuesta a ser simpática y decirle que no se preocupara, que la íbamos a cuidar en clase, pero no pude. Yo creía que me había enamorado de ella porque no podía parar de mirarla. Todavía no lo descarto, no descarto que fuera amor que con el tiempo ha mutado a amistad. No sé si está bien diferenciar las dos cosas así a la ligera, porque la amistad también es amor y todo ese rollo, pero es para que me entiendas.

Al principio, nos limitamos a ser buenas compañeras de clase, a reír, a hacer planes en grupo, etc. Había algo que nos separaba y que no terminaba de romperse, quizá era mi puta admiración enfermiza. Nunca habíamos quedado las dos solas, pero, de alguna manera, yo sabía que iba a ser una persona importante en mi vida. Siempre tuve la sensación de que estar cerca de ella era como viajar en montaña rusa a un lugar con ríos de caramelo y nubes de azúcar. Nunca la he visto cansarse de un juego o tirarse un día en casa llorando, y eso que no ha tenido una vida megafácil.

El curso terminó y llegó el verano. Otra vez, en las fiestas de no sé dónde, me enteré de que una persona muy importante para ella, de su familia más cercana, estaba mirando a la muerte a la cara. Creo que ese fue el momento en el que ella creyó que no tenía derecho a sufrir por nada que no fuera la muerte, porque todo menos eso tiene solución. Esa es un arma de doble filo, pero la realidad es que decidimos ser felices aquellos años y lo conseguimos. Se me rompía el alma; no podía pensar en ella estando triste, enfadada o defraudada con la vida. No podía pensar en ella sin ganas de vivir. Sé que la vida no funciona así, pero habría hecho cualquier cosa por ahorrarle todo aquel dolor. Se lo dije, le mandé un mensaje kilométrico. Ella estaba en un tren con su familia, era su cumpleaños. Puede que desde entonces no le acaben de convencer sus cumpleaños. Creo que ese mensaje marcó un antes y un después en nuestra relación, por lo que sea. Intuyo que ella supo que si yo hubiera podido solucionar algo yendo a cazar auroras boreales en un tarro, lo habría hecho sin dudar.

El verano acabó y las dos nos quedamos en tierra de nadie. Habíamos terminado el instituto, pero no habíamos conseguido entrar en la universidad. De nuestro grupo de clase, no había nadie que no tuviera algo que hacer con su vida. La mitad habían repetido y la otra mitad tenían plaza en alguna universidad o grado superior. Recuerdo que estábamos comentando juntos nuestras situaciones y entonces Irati expuso su plan maestro:

—Yo voy a estudiar biología y matemáticas por mi cuenta para repetir la selectividad y conseguir una plaza en Psicología en la universidad de Donosti. —Parecía muy segura.

Yo no supe qué decir porque no tenía ningún plan. Quería hacer canciones y nada más, pero cuando ella dijo «Psicología», se me dilataron las pupilas. Creo que ella lo notó y me propuso llevar a cabo su plan con ella. Todavía no sé si quería ser psicóloga o estar con ella. **La verdad es que, ahora mismo, el cerebro y la conducta humana son las cosas que más me interesan en el mundo, más que el mar o el universo,** pero no recuerdo si era así en aquel momento. No conseguimos entrar en la carrera y, aunque lo hubiéramos hecho, yo sabía que mis padres no podían permitirse económicamente mandarme a Donosti a estudiar, pero no sé si alguna vez se lo dije. **Es la decisión más absurda y maravillosa que he tomado en mi vida, una que tomaría sin parar durante toda la eternidad. Fue un año completamente perdido en cuanto a productividad, pero el mejor de mi vida.**

Irati es la reina de los pensamientos mágicos, para bien y para mal. Se le ocurren las cosas más increíbles del mundo, a veces las disfruta y otras le dan miedo. Estudiar nos aburría como ostras y con las matemáticas nos rendimos pronto, pero igualmente quedábamos cada día a las ocho de la mañana para «estudiar»: Íbamos a tiendas de animales a tocar a los conejitos cuando las dependientas no miraban, pasábamos horas en una papelería decidiendo con qué colorines íbamos a subrayar los libros, nos hicimos muy amigas de las camareras de una cafetería cercana a nuestro antiguo instituto, pintábamos, nos pasamos unos cuantos juegos del móvil... Hacíamos autodefinidos y, cuando se nos terminaban, los fabricábamos nosotras mismas, la una para la otra. Inventábamos cómics sobre nuestras movidas en una aplicación de Facebook. Nos dimos un par de golpes tontos con «la bala azul», un Ibiza del 93 (si no recuerdo mal) que estaba hecho una chatarra, pero al que amábamos y venerábamos como el bien más preciado. **Nuestro objetivo en la vida era que el día fuera divertido, no pensábamos en nada más.**

Un día nos dimos cuenta de que necesitábamos dinero para vivir, así que empezamos a trabajar de carteras comerciales, sin contrato y para una señora bastante... poco defensora de los derechos laborales, por decirlo sin insultar. Eran días durísimos, caminábamos una barbaridad, nadie nos abría los portales cuando tocábamos los timbres, a veces llovía y se nos mojaba todo... Pero nos reíamos tanto que todo dejaba de importar. Uno de esos días tan terribles y tan maravillosos a la vez, íbamos con los panfletos en las manos, caminando por la acera, y a Irati se le cayeron todos al suelo. Yo los pisé, resbalé con ellos como si de un plátano del Mario Kart se tratasen y caí al suelo de culo. Me hizo tantísima gracia que no puedo describirlo. Ella rompió a reír también, tanto que se tiró al suelo conmigo. **Desde que vi Mary Poppins de pequeña he tenido pánico a morir de risa, por esa escena en la que un señor mayor empieza a flotar de tanto reírse y muere.** Mi amiga Sam dice que no muere, pero en mi recuerdo sí lo hace y no lo he comprobado porque me da pereza, sinceramente. Total, que ese día Irati y yo empezamos a elevarnos, o lo hubiéramos hecho de haber sido posible. Primero sobrevolamos las farolas, luego los tejados, los árboles y, finalmente, las nubes. Ella no tenía miedo, así que yo decidí que tampoco iba a tenerlo; es algo que solo ella provoca en mí. Irati gritaba: «¡No quiero bajar nunca!». Yo tampoco quería, me daba igual estar en la tienda de animales, repartiendo panfletos, tirada en el suelo o en las nubes. Yo solo quería estar con ella. Empecé a pensar que quizá me había dado un golpe en la cabeza al resbalar con la publicidad y me había muerto, pero también eso me dio igual. Pienso que estoy muerta muchas veces al día, no es nada nuevo.

Cada vez hacía más frío y la velocidad a la que nos elevábamos comenzó a reducirse. Me giré para mirarla y confirmar que seguíamos siendo felices pese al frío que estaba empezando a calarme los huesos, pero no la vi. Las nubes se habían vuelto oscuras y espesas y entré en pánico por no estar con mi amiga. Dejó de ser divertido. «Seguro que ella sigue pasándoselo bien», pensé. **Me siento culpable cuando no soy feliz, porque podría estar mirando a la muerte a la cara y no lo estoy.**

Nada de eso había ocurrido. Seguíamos sentadas en el suelo, sofocadas de la risa, pero en un instante yo había pasado de ser feliz a tener miedo por dejar de serlo. A diferencia del resto de las personas que viven en mí y que conforman esta movida tan rara que estoy escribiendo, siento que la Divertida no soy yo, sino ella. No recuerdo si existía antes de Irati y creo que se fue un poquito cuando la vida empezó a movernos por lugares distintos. La divertida no soy yo, es ella, es ese trocito de ella que va conmigo siempre. Es todo aquello que me regaló.

Ahora es psicóloga, sigue viviendo en su barrio y le gusta que todo se quede como está. Yo soy una puta bala perdida que no sabe en qué ciudad se despertará mañana. Nos vemos poco, la echo de menos y creo que ahora soy alguien peor. Es muy injusto que tengamos una naturaleza tan distinta siendo tan parecidas. La Divertida me hace mejor persona, porque cuando estoy contenta, no me enfado, no soy rencorosa ni autodestructiva. Cuando soy feliz, soy productiva, empática y buena para mi salud. Ella me sube las defensas.

«AIII, MAITIA, QUÉ DIVERTIDO».

7

La Responsable

La que no se mueve de casa sin un plan
estrictamente elaborado y unas
cuantas horas de preparación emocional

Si oliera a algo, olería a limpiacristales.

Si fuera una canción, sería *Compartir* de Carla Morrison.

Si pudiera hacerme una cartulina de horarios como la que hacía cuando era pequeña, lo haría.

Si pudiera decirme algo, sería:

«LEVÁNTATE DEL SOFÁ, HAZ CUALQUIER COSA, LO QUE PUEDAS, PERO TIENES QUE HACER ALGO Y LO SABES».

Los horarios, la rutina y las normas me hacen libre por contradictorio que pueda resultar. Quizá sea porque no estoy obligada a tenerlas, porque podría estar escribiendo esto a las cuatro de la madrugada hasta arriba de maría y cerveza. No tengo horarios, así que podría desmadrarme, y lo he llegado a hacer, por supuesto, pero ya no lo hago porque no quiero, **porque la responsable me pone las pilas cada día. Ella me mantiene cuerda, aunque me haga parecer más aburrida. Ella es la que va al mercado y se emociona oliendo la verdura fresca, es la que se preocupa de que coma legumbres, como mínimo, tres días a la semana, la que se toma los probióticos y la vitamina B12.** Ella es la que se tumba a leer en la cama a las diez de la noche para dormirse a las once. Sabe mejor que yo que esa última cerveza me va a dar dolor de barriga mañana, sabe que debería dejar de hacerme daño para poder arrancarme luego las postillas (literal y metafóricamente hablando). **Me avisa cuando me estoy hablando mal, cuando no me estoy alimentando bien, cuando una relación está siendo tóxica para mí...**

Le debo mucho a esta persona, pero siempre depende mucho de con quién venga de la mano. Para mí, hay algo de autocuidado en la responsabilidad, por todo lo que ya te he contado, porque hace que mi vida se levante sobre una estructura sólida. Pero hay veces en las que aparece junto a una sombra horrible, la de la Perfeccionista. Entonces me grita cuando intento descansar, me acelera el pulso cuando abro las redes sociales y me compara con el resto. No me deja dormir, ponerme un día hasta el culo de chocolate o quedarme de fiesta con mis amigas. **Ella no tiene límites, no los conoce.** Cree que las humanas estamos mal hechas porque seguimos teniendo necesidades absurdas como dormir. A ella le gustaría poder resetear su cuerpo con un botón y seguir haciendo cosas. **Nunca cree que nada esté lo suficientemente bien. Nunca nada es suficiente.**

Me la imagino como a la señorita Rottenmeier de *Heidi*. En Wikipedia la definen como una «mujer de edad madura con personalidad severa, fría, rígida y amargada». Me pregunto si calificarían de amargado a un hombre con las mismas características o si simplemente hablarían de un hombre serio, duro, masculino y profesional. También pienso que a lo mejor la señorita Rottenmeier, cuyo nombre de pila no se menciona en toda la novela pese a ser indispensable en la trama, tiene motivos para estar amargada. Trabaja para una familia rica, tiene a una niña en silla de ruedas a su cargo y poco o nada de vida propia. De pronto, aparece una niña monísima y feliz que invita a Clara a jugar y a ir por ahí asumiendo riesgos. Yo también estaría amargada, la verdad.

A veces me veo como ella y me juzgo. A veces veo a mi madre como ella y la juzgo. Mi madre a veces está enfadada y no sé por qué, creo que ni siquiera ella lo sabe. Pero tiene razones para estarlo. Siempre ha vivido a la sombra de los hombres de su vida, quienes, no en su totalidad, pero sí en gran parte, solo la han molestado, increpado y dado muchísimo trabajo. Empezó a estudiar un grado medio que le flipaba, pero tuvo que dejarlo porque el profesor la acosaba y ella se moría de miedo. Luego recuerdo cómo los clientes de los restaurantes pijos en los que trabajaba le daban regalos y más cosas que seguro que desconozco. Mi madre ha tenido que aguantar a una cantidad ingente de hombres miserables e imbéciles, sin saber que no tenía por qué hacerlo. Mi madre está muy enfadada y tiene todas las razones del mundo para estarlo. Ha sufrido violencia obstétrica, violencia sexual, en el trabajo, en su casa… A mi madre le ofrecieron ser aprendiz de un cocinero de prestigio y tuvo que decir que no para poder estar conmigo. Mi madre ha trabajado sin contrato limpiando las casas de otros, cuidando a los hijos de otros, dando de comer a otros y asumiendo las responsabilidades de otros sin que nadie le diera ni las gracias. La vida de mi madre siempre ha girado en torno a la de otras personas. Mi madre nunca llevó las piernas al aire porque las tiene llenas de varices, una de las marcas que deja el trabajo bruto, duro y abusivo constante. Unas marcas que, por si fuera poco, debes esconder, debes ocultar el resultado de ser una esclava de un sistema capitalista completamente abyecto, patriarcal y clasista que ha utilizado a las mujeres como instrumento. Siempre cuenta que con dieciséis años no podía ni siquiera apoyar los pies en el suelo del dolor.

Las mujeres estamos amargadas con razón. A mi abuela nadie le enseñó a escribir y a leer porque eso no le hacía falta para dejarse violar sistemáticamente, parir, limpiar, cocinar, cuidar y volver a parir. Mi abuela tuvo que casarse de noche y en secreto porque un hombre la había dejado embarazada en pecado. Mi abuela no tiene ni una sola foto de su boda, una boda clandestina. A mi abuela se le murió una hija siendo solo un bebé y no pudo pasar un duelo porque tenía que criar, cuidar y seguir pariendo más criaturas que seguramente no deseaba. Ella hacía lo imposible para alimentar y vestir a siete niñas y niños mientras mi abuelo trabajaba en otro país. Ni siquiera sabemos exactamente qué día nació.

La madre de mi abuela murió vestida de negro porque estaba de luto por su marido, al que asesinaron por ser un supuesto «rojo». Mi abuela morirá recordando a su madre toda la vida de luto. Mi madre morirá recordando que la suya no pudo enseñarle a leer y a escribir. Y yo moriré recordando las caricias de buenas noches con olor a lejía de haber limpiado la mierda de otros con más dinero.

Querida Rotten, yo sí te reconozco.

Como ves, aquí no tenemos un personaje, tenemos una cuadrilla. Suena a chiste, mira. Vas en un avión con la responsable amable, la responsable perfeccionista y la responsable enfadada (con razón). Hay turbulencias y tú entras en pánico. La responsable amable te diría: «Tranquila, (introduce tu nombre aquí), esta gente lo tiene todo controlado y ha estudiado muchísimo. Tú haz caso a lo que te digan y no te preocupes». La responsable perfeccionista, en cambio, diría: «La verdad es que, con todo lo que ha evolucionado la humanidad, no entiendo cómo sigue habiendo turbulencias. Y tú no tienes ni idea de qué está pasando. Cuando salgamos de aquí, deberías ver un par de documentales para entender cómo narices vuelan los aviones y qué ocurre con las turbulencias. Si fueras un poco más culta, no te daría tanto miedo». La enfadada con razón se levantaría, rompería la puerta de la cabina y aterrizaría el avión, porque la mala hostia le proporciona unos conocimientos y unas capacidades increíbles, como en *Matrix* cuando piden a la centralita que les carguen un nuevo conocimiento. «Ya sé kung-fu».

La Responsable es tu amiga, pero intenta que sea amable contigo porque si no, puede convertirse en tu peor enemiga. Sé una buena responsable, sé una buena madre para ti. Yo a veces no me explico cómo sigo viva siendo yo mi propia tutora legal.

«UN MINUTO MÁS EN EL SOFÁ Y TE CONVERTIRÁS EN UN DESPOJO».

8

La Mamá

La que sintió la responsabilidad de
cuidar de los demás siendo una niña y
ahora va por ahí buscando almas
perdidas porque, en el fondo, necesita
que la necesiten

Si oliera a algo, olería a lentejas.

Si fuera una canción, sería *Piensa en mí* de Luz Casal.

Si pudiera proteger con su vida a alguien que acaba de conocer, lo haría.

Si pudiera decirme algo, sería:

«TIENES QUE SALVARLE LA VIDA SEA COMO SEA, ES TU RESPONSABILIDAD».

Hola, soy Maialen. Acabamos de conocernos, pero puedo salvarte la vida si quieres. ¿Qué necesitas? Puedo obviar mis necesidades para cubrir las tuyas. Puedes llamarme a la hora que sea y si un día no te respondo porque estoy haciendo mis cosas, me sentiré superculpable y te haré todo tipo de carantoñas al día siguiente. Haré como que no me importa nada prestarte dinero, escucharte durante horas o llevarte al quinto pino en coche. No diré nada porque quiero que me quieras, y la forma más rápida de que me quieras es que me necesites. Si tienes dos dedos de frente, no dejarás que pise todas mis necesidades, es injusto, pero eso está en tu mano. Un día intentaré poner límites porque mi psicóloga me ha dicho que esto no puede ser, que estoy al borde de un ataque de nervios cada vez que te veo. Pero ya será tarde… Tú creerás que todas esas cosas que hacía por ti son mi cometido y te rebotarás. Yo creeré que tengo la culpa (y la tengo en un 50 %) y entonces empezaré a evitarte porque no sé afrontar los conflictos. Luego iré desapareciendo sin hacer ruido. Tú nunca jamás entenderás nada de lo que ha pasado.

Luego buscaré otra víctima. Llegará como sin querer. Al principio parecerá divertido y recíproco, hasta que deje de serlo. «No pasa nada» es la frase que más repito, pero debes saber que sí pasa. Pasa que me siento culpable por respirar y necesito cuidar al resto. Pasa que me flipan los perros, pero que me flipa más rescatarlos. Porque no puedo soportarlo, me muero de pena y de culpa. **Tengo el umbral de lo que puedo hacer por ti al borde de mi propia muerte.**

Cuando no te valoras simplemente por quien eres, necesitas la aprobación externa constante. **Cuando la necesitas como un animal indefenso, muerto de sed en el desierto, lo más sencillo es agradar, cuidar y acabar generando una serie de dependencias que te harán sentir falsamente válida e importante. Te darán las gracias muchas veces y desde fuera te repetirán lo buena persona que eres. Te harás adicta a esa sensación y no pararás de buscarla como una yonqui.**

Intento buscar respuestas en cómo era de pequeña. No

recuerdo jugar mucho con esos bebés de plástico que siempre me han parecido tétricos. Parece que nos adoctrinan y nos preparan para ser madres ya de niñas, cuando todavía ni siquiera sabemos ser hijas. La gente dice que los bebés no nacen con un manual de instrucciones debajo del brazo, pero ¿sabes qué? Que tampoco tenemos forma de entender a las personas adultas que nos cuidan. Es aquí cuando los roles pueden cambiarse. Es en esta etapa cuando dibujas las primeras líneas que cruzarás. **A las niñas nos educan para ser madres mientras que a los hombres se les educa para ser hijos eternamente.** La ecuación es bastante sencilla y tiene como resultado que en las parejas heterosexuales, las mujeres acabamos ejerciendo de madres de nuestras parejas.

Ni siquiera recuerdo el nombre del muñeco aquel, creo que lo heredé de mi prima mayor. Todos mis peluches, barbies y juguetes tenían nombre, pero ese bicho no. Un día, mientras los estaba sentando en su sillita, me pareció verlo parpadear. Lo dejé caer al suelo del susto y me quedé mirándolo fijamente.

—¿Qué pasa, que no me vas a recoger?

—¡No puedes hablar, eres un muñeco!

—¿Por qué dices eso, mamá?

—No soy tu madre, tengo ocho años.

—¿Seguro que no quieres pasearme en un carrito y ser como esas señoras de bien que pasean por el parque? O mejor: ¿quieres darme el pecho?

—¡Cállate, me das asco!

Entré en pánico. Metí el muñeco en el armario y cerré rápidamente. Me apoyé en las puertas por miedo a que quisiera salir. Respiré tres veces y decidí que nunca sería madre. Lo repetí tantas veces como pude para que no se me olvidara, para convencerme a mí misma de que nunca le daría la teta a nadie. Hasta que murió mi abuelo y vi a mi padre despedirse de él. Le puse la mano en la espalda mientras él lo acariciaba por última vez en el tanatorio, cuando sus constantes ya no serían vitales nunca más. Creo que no seré capaz de superar eso si no soy madre. Sé que no es una buena razón para querer tener un hijo, soy completamente consciente de lo tóxico que es, pero he decidido dejarme ser tóxica a veces. Ya iré a terapia o algo.

Desde que sé que tengo un endometrioma en el ovario izquierdo, tengo más ganas todavía, porque cabe la posibilidad de que tenga problemas para quedarme embarazada. Porque si la vida me dice que juegue a ser mamá, no quiero, pero si me dice que tengo endometriosis y que tendré complicaciones, entonces sí quiero. Y así toda la vida. Esto está bien porque supongo que dicha rebeldía es más de hija que de madre. Y todavía soy más hija que madre.

Este dilema me preocupa entre cero y nada porque, **al final, llegará el momento en el que, o bien la vida, o bien yo, o ambas, tomaremos una decisión. Y estará bien.**

A veces, hay que quedarse escuchando sin hacer nada. A veces, la gente no necesita que le salven la vida. De hecho, nunca les viene bien que les salves la vida si no te lo han pedido.

He perdido más de la mitad de mis amistades. Algunas por haber puesto límites o porque la relación estaba completamente cargada de maternalismo por mi parte. Otras se han ido a la mierda porque no sé qué hay que hacer. Se me olvida llamar, escribir… Me siento muy culpable y no sé decirlo. Me agobio tanto que acabo aislándome con mis perros como una puta loca. Este último invierno lo he pasado sola en mi casa haciendo velas veganas, yoga y tocando música.

Si no sé relacionarme de forma sana, solo me queda apartarme.

Estoy exagerando, no es todo el rato así, pero es *heavy*.

Por todo esto, **cuando alguien me dice que no a algo, entiendo que me ama profundamente. Porque estar se-**

gura de que alguien te querrá igual, aunque a veces digas que no, es muy bonito.

Las madres también pueden decir no, porque si una madre basa su personalidad en ser madre, cuando la hija o el hijo se van, pierde su identidad. Y no hace falta ser madre para que esto ocurra. No quiero que mi identidad esté irremediablemente ligada a que me digan «Qué buena eres, qué bien me cuidas».

Pienso en mi hija muchísimas veces, esa hija que no tengo, pero que ya tiene nombre. Se llama Lila y se parece a su padre. Tiene los ojos rasgados, el pelo rizado y oscuro. Es morena y el colmillo derecho le sobresale cuando sonríe. Le explico mentalmente que la vida tiene un millón de cosas feas, pero que siempre podrá buscar cosas bellas en sus amigas, en los perritos, en las canciones, en las películas y en lo que sea que a ella le guste. Espero que se ría cuando le cuente que se llama Lila por un personaje de mi serie favorita de dibujos animados, *Futurama*. Ojalá le gusten mis canciones y toque el piano, aunque si decide tocar el oboe, la querré igual. Haremos bizcochos veganos y tendré que pelearme con medio planeta porque dirán que una niña vegana no puede crecer sana. Ojalá pueda enseñarle bien a cuidar de sí misma para cuando yo no esté, ojalá sepa enseñarle a cuidar de las personas y animales que habitan el mismo planeta que ella. Ojalá esté a la altura y sea capaz de poner límites sanos y bonitos en sus relaciones. Quiero que sea libre y feliz, quiero poder ser un buen ejemplo para ella. **A veces me imagino como una loba con su cachorra, tirada en la cama con una teta fuera.** Seguramente, nada sea como imagino. Soy consciente de que todavía no sé si podré tenerla, si podré darle el pecho o si tendré una depresión posparto como un camión. No sé si será, ni cómo será si es, pero, mientras, sigo hablándole por las noches. También le hablo a la lesión de mi útero y al endometrioma del ovario izquierdo, les pido por favor que aguanten un poquito más, que me esperen un par de años o tres para poder encauzar mi carrera y darme tiempo a hacer todo lo que quiero hacer antes de ser una mamá de verdad. Quiero que aprenda euskera y que celebre las fiestas de esta cultura tan bella en la que he tenido la suerte de nacer.

«HAZ ALGO, SÁLVALA.
SI NO LO DAS TODO, SERÁS UNA
PERSONA HORRIBLE».

9

La Apática

La que se desborda y no siente
absolutamente nada

Si oliera a algo, olería a los armarios cuando llevan mucho tiempo cerrados.

Si fuera una canción, sería *Sin salida* de Carmen Boza.

Si pudiera decirme algo, se quedaría callada.

Se me ha tachado de frívola muchas veces cuando este personaje coge el volante por instinto.

Alguna vez he intentado hacer el esfuerzo de llorar por sentirme integrada. De verdad, esto es importante: que alguien no exprese tristeza no quiere decir que no tenga sentimientos. Ni siquiera quiere decir que sea más fuerte ni que no tengas que preguntarle cómo está.

Hay un cuento de Jorge Bucay en *Cuentos para pensar* que habla de un lugar precioso y mágico al que las personas no pueden llegar o por el que quizá transiten eternamente sin darse cuenta. Es una laguna cristalina en la que los colores del agua y de los peces se mezclan y brillan mucho. El sol se esconde en sus aguas cada atardecer y la luna y las estrellas se reflejan después como si de un proyector se tratara. Está rodeado de árboles y vegetación, también de animalicos pequeños y grandes que disfrutan del paraje. En el cuento, la furia y la tristeza, haciéndose mutua compañía, llegaban allí, se quitaban la ropa y se adentraban en la laguna para refrescarse. A mí me gusta pensar que también se enrollaban. Imagínate, la tristeza y la ira follando… Seguro que este combo se da más veces de las que creemos.

La furia se bañaba deprisa, porque así era ella, siempre apurada sin saber por qué. Bucay aquí dice que es ciega, pero yo creo que a veces también es capaz de hacerte ver las cosas con la claridad que te falta, que es reveladora, por contradictorio que parezca. **La verdad es que yo me siento más identificada con ella que con la tristeza, me es más fácil cabrearme que ponerme triste.** Una, cuando se cabrea, reacciona, aunque sea mal. Cuando estás triste, no puedes moverte. Eso es lo que más miedo me da en el mundo, la quietud.

Total, que María Iracunda, salía del estanque a toda hostia, cogía la primera ropa que pillaba (no sabemos si por ciega o por zorra) y salía corriendo. Supongo que se iba a pegar algún puñetazo por ahí o a gritar en alguna mani, como tiene que ser. Angustias, sin embargo, se quedaba tranquila cantando mentalmente *Rosas*, de La Oreja de Van Gogh, mientras se bañaba. Ella no tenía adónde ir, no tenía prisa y arrastraba los pies allá por donde pasaba. La pobre Angus, perezosa, salía del agua y veía que su ropa ya no estaba. Imagínate el drama… La tristeza prefiere ponerse cualquier cosa antes que ir por ahí al desnudo, así que se ponía la ropa de Iracunda, la única que había, y volvía a casa.

Así, a veces, una se encuentra con Iracunda y cree que está enfadada, pero si esperas a la hora de dormir, cuando se quita la ropa y se pone el pijama, podrás ver que no es furia, sino tristeza con ropa de ira. Si le das un vasito de bebida de avena calentita, aceite de lavanda y un beso en la frente, te dirá que no está enfadada, que solo le han hecho daño. Si algo tienen en común Angustias e Iracunda, es que las dos necesitan que las abracen. Todas nos volvemos más vulnerables en pijama, pero nadie se lo pone delante de alguien en quien no confía.

¿Y qué pinta la apatía en todo esto?

Pasaron los años, y donde estaba aquel lago maravilloso, construyeron un centro comercial, unos grandes almacenes con muchísimas tiendas de *fast fashion*. Miles de animales perdieron su hogar para que gente estúpida de clase baja que quiere creer que no lo es pudiera sentirse *cool* comprando en un Bershka y poniéndose uñas semipermanentes.

La realidad es que solo quieres tener la certeza de que siempre hay alguien que está peor que tú. Tú, que te levantas todos los días a las seis de la mañana para coger dos líneas de metro hasta la oficina y poner buena cara cuando, en realidad, solo quieres matar a alguien. Y todo por no haber cumplido tu sueño de ser artista y vivir en Londres. Pero, eh, puedes decir que vives en el centro de Madrid. Tendrás que obviar lo de que tu cocina es el salón y también el dormitorio. Tendrás que obviar que trabajas amargada todo el año para organizar quince días de vacaciones. Tú, que tocaste techo cuando te fuiste de Erasmus y te compraste un bulldog francés deforme y enfermo.

Has triunfado, la gente que te cose la ropa está mucho peor que tú. Aun con todo, no te juzgo, porque somos igual de pobres, aunque tú un poquito más gilipollas.

Ya no hay lago, hay una tienda de Inditex en plenas rebajas. Ya no se sabe quién es quién. Las emociones se rompen con facilidad, se pasan de moda enseguida y se fabrican a una velocidad que da miedo. La gente las manosea, las tira por el suelo y las devuelve usadas. Hay personas que las roban y otras que las venden (a estas también les roban, pero tiempo, que es mucho peor que robar dinero).

No te preocupes, estar apática puede ser como no ver nada en un Zara en rebajas. ¿Cómo vas a saber reaccionar en esos instantes previos a que abran la tienda? Con toda esa gente preparada para correr, dispuesta a conseguir la mayor ganga lo más rápido posible. Esa gente, si te tiene que pisar la cabeza, te la pisa. Y tú te quedas ahí quieta, inmóvil, como un cachorrito en la sabana en mitad de una estampida. Sí, como en *El rey león*. Al final, acabas en esa caja enorme llena de emociones pasadas de moda que se han mezclado y rebajado para ver si alguien se las lleva por fin.

Gestionamos las cosas como podemos.

No sé si eres fan de *Los Simpson*, pero ya llevamos un montón de páginas y todavía no he hecho ni una sola referencia a ellos, con lo que me gustan… En el capítulo 12 de la temporada 11, el señor Burns va a hacerse un reconocimiento médico. Le diagnostican muchísimas enfermedades distintas y él no entiende por qué ninguna se le manifiesta. El médico, muy ilustrativo, pone una puerta pequeñita, como de juguete, en la mesa. Después coge unos monigotes que representan las enfermedades. Todos los monigotes quieren entrar al mismo tiempo por la puerta, se agolpan y se quedan atrapados y amontonados los unos sobre los otros. Son tantos que ninguno consigue pasar. Eso es lo que le pasa a la apática con sus emociones. Aparecen todas a la vez y entonces ninguna puede manifestarse. Es como un atasco en la M-30 un lunes a las 8.20 de la mañana. Al contrario de lo que pueda parecer, la apática, lejos de no sentir nada, siente todo al mismo tiempo.

La última vez que me visitó, fue tan intenso que me asusté. Ocurrió durante la última mudanza. Se habla mucho de las rupturas de pareja, pero no de las rupturas con amistades. Lo habíamos compartido todo. Ella dio un volantazo y lo precipitó todo en un impulso. En consecuencia, yo tuve que correr. Lloró, gritó, se alteró… ¿Sabes por qué? Porque tenía tiempo. Yo no lo tenía. Saqué mis cosas en bolsas de basura (otra vez) y corrí hasta sudar.

Pongo mucha energía en las casas en las que vivo, porque me protegen y siento que se lo debo. Pero a la gente le importa una mierda todo. A la gente le importas una mierda tú. No van perder tiempo con tu caja de emociones recicladas para separarlas y ver si algo vale la pena. Tuve que ser práctica porque su decisión me atropelló de repente. Proyecté una imagen horrible de persona fría e insensible mientras recogía mis cosas y evitaba sus lloros, sus palabras desordenadas y sus desahogos. Siempre dijo que si no decía lo que pensaba, tendría un cáncer. Yo te propongo que intentes sanarlo y que no se lo tires a nadie a la cara para deshacerte de él. Lo que tú haces es jugar a la patata caliente del Grand Prix.

Me parece muy bien que seas emocional, pero la vida no te espera. Tu entorno no es responsable, está para acompañarte y sostenerte si lo necesitas, nada más y nada menos. No puedes asfixiar a la gente en tu caja de ropa rebajada. No puedes llenar mi espacio con todo eso que nadie te compra.

El problema es que después de un brote fuerte de apatía, volver a sentir es complicado. A veces, me clavo las uñas en las yemas de los dedos para comprobar que sigo sintiendo algo. Otras, aprovecho que estoy cortando cebolla o que bostezo para arrancar a llorar. Juro que hay días que solo siento cosas por mis perros. Ellos son los únicos seres en el mundo que siempre me hacen sentir algo, y además siempre es bueno. Excepto cuando me entra un terror irracional a que se mueran. He visto a dos perros morir en mi vida y no puedo expresar la oscuridad, el dolor y el vacío que dejan cuando se marchan.

La apatía aparece por sorpresa. Siempre pienso en una escena de una película de terror que ahora mismo no recuerdo bien, seguramente porque la vi de refilón, nunca me ha gustado pasar miedo. Lo más probable es que haya rellenado lo que olvidé a mi manera, pero ahí va. Se ve a una chica lavándose los dientes que se agacha para escupir en el lavabo. Cuando vuelve a mirar al espejo, tiene un fantasma detrás. **Así es como llega, como un fantasma horrible, cuando menos te lo esperas, donde menos te lo esperas y fuera de contexto.**

Entonces gritas, te asustas, solo quieres salir corriendo y desaparecer. No te habla, pero te acompaña a todas partes, se alimenta de tu energía, la consume como un parásito. Intentas espantarla con todas tus fuerzas. Has visto en Instagram que es bueno meditar, pero no te funciona. Pruebas a madrugar más para dormir mejor, sales a correr porque escuchaste en una entrevista que a no sé quién le cambió la vida. A veces intentas decirle a alguien que crees que estás más triste de la cuenta, pero la palabra no es triste, no sabes explicarte, así que dejas de intentarlo… Melatonina, mandalas, plantas, suplementos alimenticios, astrología, reiki, ciencia, libros de autoayuda, pódcasts…

Al final te rindes y te acostumbras a su presencia. Cada vez te ves menos a ti misma y más a ella, hasta que llega un día en el que vuestras caras se han fusionado. No haces nada por evitarlo, no puedes huir porque eso significaría escapar de ti misma. Te tiras horas mirándote en ese espejo que solo te devuelve asco. Acabas por no salir porque te avergüenzas de ser ese fantasma, crees fielmente que nadie querrá ver esa horrible cara que tú ves cada mañana sin hacer absolutamente nada.

No haces nada porque no puedes, no porque no quieras. Tu entorno se aleja de ti porque tú te has alejado, porque no podías hacer otra cosa, no porque quisieras.

Por favor, si algún día crees que la única opción es huir de ti misma, mira alrededor, demándale a tu cerebro un instante de autocuidado y pide ayuda a quien creas que puede dártela. Puede ser un ser querido, alguien que tengas cerca, no tengas miedo a verbalizar lo que te está pasando. Ve al centro de salud, llama al 024. Te prometo que siempre hay una alternativa al suicidio. No eres lo que estás viendo en el espejo, solo necesitas ayuda; todas las personas la necesitamos en algún momento. Yo lo hice y lo hago. Tenemos la responsabilidad de ayudarnos y las instituciones, el deber de destinar recursos a la salud mental. **Quieres huir de ese fantasma, no de ti.** No tienes por qué hacerlo sola. Te prometo que, aunque te parezca mentira, aunque creas que es completamente imposible, poco a poco volverás a verte en el espejo, volverás a ser capaz de vivir.

Yo quiero dar las gracias a mis perros por existir. Por dormir conmigo en la cuarentena, por hacerme salir de casa tres veces al día, por pasearme tres veces al día, mejor dicho. Por poner esa cara tan graciosa cuando están dormidos. Por ser un pésimo cazador de moscas, gracias,

Murphy. Por ser el ratón más tierno que he visto nunca, gracias, Dobby.

Estoy en la consulta de Paula. Por la ventana se ve el parque del templo de Debod. La verdad es que no sé cómo se llama el parque, se me olvida fácilmente todo lo que no me importa. En la misma ventana cuelgan unas banderas tibetanas, de esas verdes, azules, blancas y amarillas.

—Paula, yo quiero ser madre, pero soy una persona que se aburre de todo. ¿Y si consigo ser madre y me aburro de mi hija?

—¿A que de Murphy nunca te has aburrido?

—No.

Incluso cuando la apatía, esta señora que parece que no siente nada, se extiende por tu cuerpo como una enfermedad, siempre siempre siempre hay algo que puede sacarte. En mi caso es Murphy, el río y los discos de Eels. Solo tienes que buscar.

Por otro lado, también quiero dar las gracias a la apática por permitirme hacer lo que tengo que hacer en un momento crítico. A veces las emociones no son adaptativas y ese estado de insensibilidad me ha ayudado a seguir adelante muchas veces.

Señora Apática, perdóname por haberte juzgado sin parar, por asustarme de ti, por enfadarme contigo, por gritarte y pedirte que te vayas a toda costa. Perdóname por buscar una medicación que te hiciera desaparecer. Ahora sé que la medicación no es para deshacerme de ti, sino para que nos hagamos amigas.

La sertralina ha sido para mí como una marca de *slow fashion* **de básicos, en la que todo se hace a mano y despacio. Te permite sentir y olerlo todo sin sobresaltos. Es verdad que los colores se vuelven menos vivos en general, que los ruidos me molestan menos, pero también se me eriza menos la piel con la música.** Quizá ninguna experiencia sea tan intensa, pero a cambio puedo alargarlas en el tiempo. Puedo pararme a mirar cómo baja el río, puedo escuchar algunas canciones sin llorar y entender detalles de la producción en los que nunca había reparado. El sexo ha cambiado, el humor también. Pero ahora mismo me hace tanta falta que ni siquiera me frustra no tener orgasmos o no ser capaz de hacer canciones, que es peor. Sé que tendré que dejarla en algún momento, pero mientras, estoy intentando agarrar fuerte esta sensación de presencia.

Para mí hay un paralelismo muy grande entre cómo follas y cómo vives. Dejé de esperar el orgasmo al perderlo. Pensé que era un drama, que mi pareja se cansaría de mí y que sería una mujer incompleta. Incluso teniendo esta falsa creencia, hace años que decidí que no iba a tener relaciones sexuales sin ganas nunca más en mi vida. Un día, empecé a disfrutar del roce de la piel como nunca lo había hecho, el roce por el roce. Otro me di cuenta de que las grietas en los labios de una y de otra se encuentran, se calientan y se curan. Empecé a follar descartando completamente mi orgasmo de la ecuación, di por hecho que no iba a tenerlo y que no lo necesitaba. A los meses apareció, más bello y fuerte que antes. Aquello que me robó la capacidad de correrme me enseñó a follar sin que el orgasmo sea el centro del juego, la casilla final, el objetivo al que llegar.

Con las canciones es diferente, esa falta de intensidad durante todo el día hace que no tenga sobre qué escribir por la noche. Iggy Rubín, cómico, guionista y muchas cosas más, para mí uno de los mejores de este país, dice que es más importante ser buena persona que ser buen cómico. Esta frase debería ser un mantra para toda artista. **Es más importante que no tengas ganas de morirte que hacer buenas canciones.** Dicen que se pueden hacer buenas canciones sin estar en el abismo y yo quiero creer que es verdad. Pero la realidad es que compuse la canción que más éxito ha tenido de todas cuando peor estaba. Se llama *Fusión del núcleo*. La gente la canta a viva voz en los conciertos y, sin embargo, cuando yo hablo de abortar misión en el estribillo, hablo de dejarme ir, de quitarme la vida. La gritamos, la bailamos y la celebramos. Nunca pensé que miles de personas cantarían esta canción conmigo. Siempre digo que es muy fuerte para mí, que es un regalo que la canten así conmigo. Pero como es lo que dicen todos los artistas, no sé si me creen del todo. Es una de las cosas más fuertes que me han pasado en la vida, porque celebro que no me fui a ningún lado, celebro que seguí, que salí del agujero y no aborté la misión de vivir.

Un día me dijeron que tenía que intentar replicar este *hit* para petarlo, pero ¿sabes qué? Ojalá nunca tenga que volver a componer *Fusión del núcleo*. Por lo menos, **voy a disfrutar de la paz mientras dure.**

Aquí la letra del supuesto *hit*, de la canción más llena de dolor que he escrito nunca:

No veo nada,
no sé si estoy o no.
No distingo la realidad de la ciencia ficción.

Busco entre mis cosas
y todo es pura contradicción.
Cada molécula de mí solo piensa en huir.

Cinco segundos para la fusión.
Salgan corriendo, aborten la misión.
Paradoja espaciotemporal,
entre mis piernas este clima tropical
que me ahoga, que me ahoga.

No siento nada.
No discierno entre el bien y el mal.
Me niego a que me adoctrine una ley universal.
Veo cuerpos celestes flotar,
hace tiempo que dejaron de brillar,
un estado avanzado de putrefacción.

Cinco segundos para la fusión.
Salgan corriendo, aborten la misión.
Paradoja espaciotemporal,
entre mis piernas este clima tropical
que me ahoga,
que me ahoga,
que me aprieta

y recoloca.

Me coloca

Algo que me pueda colocar.

Ahora me gustaría hacer una aclaración importante: la medicación siempre tiene que estar prescrita por un profesional de la salud mental. Debes seguir exactamente sus indicaciones, informar de los cambios que se producen en ti y preguntar absolutamente todas tus inquietudes sobre sus efectos. No te guardes nada y sigue a rajatabla lo que te digan. Si algo no te convence, nunca pares de preguntar. Tu tratamiento es personalizado, único y exclusivo para ti. No hay dos personas iguales, por eso, aunque podemos compartir experiencias, acompañarnos y entendernos, nunca debemos compararnos. Cada ritmo es distinto, somos seres complejos. A mí la sertralina me ha funcionado increíblemente bien, pese a pasarlo regulín los dos primeros meses, pero conozco gente a la que no le ha ido bien. Por eso es importantísimo ir siempre de la mano de un profesional de la salud mental y no demonizar la medicación, como tampoco se puede pensar que te solucionará la vida.

Dicho esto, el día que empecé el tratamiento venía de Bilbo, de hacer un curro allí con Médicos Sin Fronteras. Dormí allí, pero me desperté muy pronto para ir a Iruñea a desayunar con mis padres e irme a Madrid. Mi padre también tomó antidepresivos en su momento, como la mitad de mi familia, pero él no hace estos rituales estúpidos que a mí me encantan. Partí la pastilla por la mitad, como me había dicho mi médica de cabecera que hiciera, y le dije al *aita*: «Empieza el cambio». **El día que empiezas a tomar el tratamiento no ocurre absolutamente nada, pero el hecho de que pongas interés y que tengas ganas de estar mejor y tomes cartas en el asunto ya es un cambio.** Da igual qué camino elijas, siempre que te acompañes de alguien que ha estudiado, que entiende y que te ayuda. Da igual las herramientas que necesites utilizar, el día que lo hagas debes levantar la cabeza y decir: **«Me cago en mi puta vida, voy a estar la hostia de bien porque tengo dos ovarios como dos putos campanarios, joder».** Sí, es importante decir todas esas palabrotas. **Nunca será verdad, porque después de eso te caerás medio millón de veces, pero siempre te acordarás de ese día y la muleta que hayas elegido cobrará más valor, aparte del científico.**

No te preocupes, Apática, cuando aprendamos a

gestionar la vida mejor, no tendrás que preocuparte por el fantasma del lavabo. Tú no eres ella, ni siquiera tienes la culpa de que aparezca.

«NUNCA VOLVERÁS A SENTIR NADA, ESTÁS MUERTA».

10

La Autodestructiva

La que se envuelve en pensamientos y emociones dañinas hasta que solo puede tomarse un diazepam para salir de ese bosque horrible, lleno de espigas y hielo, sobre todo hielo

Si oliera a algo, olería a tabaco y cerveza.

Si fuera una canción, sería *Tan joven y tan viejo* de Sabina.

Si pudiera mezclar cerveza y diazepam hasta perder el conocimiento, lo haría.

Si pudiera decirme algo, sería:

✕

«MUÉRDETE UN POQUITO MÁS ESA LLAGA EN LOS MOFLETES, A VER QUÉ PASA».

A veces, cuando eres autodestructiva, no eres consciente de que lo estás siendo, pero tu cuerpo entiende que lo estás castigando porque se lo merece, y eso es horrible. Cuando tienes un día de mierda, te evades y te autodestruyes un poquito antes de ir a dormir: unos cuantos pensamientos intrusivos, un montonazo de comida basura para poder machacarte luego, una copita de algo, tabaco y, depende de cómo seas, alguna cosa más. Crees que te estás anestesiando, pero, en realidad, tu cuerpo está recibiendo una puñalada en el estómago que le duele más que nada.

He intentado saltar hacia atrás para llegar al primer recuerdo en el que esta señora me dijo: «Venga, fúmate un piti». Yo no tenía una gran autoestima. Nadie en mi familia la ha tenido nunca, nos hemos dedicado a lo que hemos creído que merecíamos. No sé si alguien así nace o se hace, pero sí sé que tanto mi madre como mi padre (puede que mi madre un poco más) crecieron pensando que no eran inteligentes, que solo podían aspirar a ser un poco menos pobres que sus padres teniendo menos hijos, que al final fui yo sola. Un día le pregunté a mi abuela Leo qué le hubiera gustado hacer en la vida y ni siquiera entendió la pregunta. Ni siquiera se lo ha preguntado porque la probabilidad para ella siempre ha sido cero. Ni siquiera se ha frustrado, ni siquiera lo contempló nunca; no es que no tuviera inquietudes, es que ni sabía que podía tenerlas.

Yo iba por el mismo camino. En mi primer año como monitora de comedor y señora de la limpieza, pensaba que era lo único que iba a saber hacer en la vida. Lo malo no era saber solo limpiar y atender niños y niñas, que es complicado de cojones, sino que estuviera convencida de que solo podía acceder a eso, independientemente de mis deseos.

Hay dos cosas que te atan a los trabajos duros y mal pagados. Por un lado, la necesidad. Dicen que la gente migrante nos quita recursos y ocupa puestos de trabajo que podrían ocupar personas españolas (quienquiera que lo sea, que no lo tengo claro). La realidad es que esas personas acaban haciendo los trabajos que nadie quiere hacer por siete euros la hora porque tienen que enviar dinero a su país y muchas veces mantener a un marido incompetente que lo único que ha hecho ha sido meterla para tener cinco hijos de los que no se ocupa.

La segunda manera de mantenerte atrapada en un trabajo precario es hacer que tu autoestima sea tan baja que creas que el agua de la fregona será el único lugar en el que te podrás reflejar. Sorpresa: no había ni un solo hombre. El primer hombre al que contrataron fue un chico joven, para ponerlo de coordinador del comedor escolar, argumentando que las mujeres solas cotilleábamos demasiado y éramos tóxicas y malas entre nosotras. El niñato, el coordinador salvador de la toxicidad femenina al que acabé cogiendo muchísimo cariño (más del que me hubiera gustado), acababa de llegar y ya era encargado.

La precariedad y la baja autoestima hacen que sea infinitamente complicado para ti aspirar a algo que te guste, que esté mejor pagado o que te haga sentir más realizada. Yo, por ejemplo, si el trabajo de limpiar se pagara bien, podría currar limpiando hasta que el cuerpo me dijera basta. Pero tendría que tener permiso para darle una hostia a la primera persona que me mirara por encima del hombro o me pisara lo *fregao*. A mí me gustaba mi trabajo de monitora y limpiadora, lo que no me gustaba era no poder encender la calefacción, ir al súper con calculadora y no poder permitirme ni un viaje pequeñito en verano.

Me molestaba tener un contrato de «fija discontinua» o que me metieran las horas de limpieza dentro del convenio de monitora de comedor para pagarme menos. Me molestaba tener que llevarme informes a casa, como si no tuvieran suficiente con pagarnos una mierda. Me molestaban algunos profesores que se creían infinitamente superiores a mí. Me molestaban los padres y las madres. Me molestaba mi primera coordinadora que me gritaba sin parar y me llamaba poco menos que niñata. Esto, con veinte años, no sale gratis. Esto te mina la moral, la autoestima y la vida entera.

Hay muchas formas de hacerse boicot a una misma. Sobre esto, hay una anécdota de mi adolescencia que me gustaría contarte.

Era uno de esos primeros días de otoño, acababa de empezar el instituto. Tenía trece años y mucha luz, me recuerdo luminosa, la verdad. No sé si es verdad o solo está en mi memoria, pero para mi historia vital, más importante que la realidad, me recuerdo así. Esto último me lo ha dicho mi psicóloga y es la hostia de cierto. Las cosas no inciden en ti tal y como ocurrieron, te afectan tal y como las recuerdas. A veces, temo contarle mal las cosas a mi psicóloga, pero «Vamos a ver —me dice ella—. ¿Qué me importa a mí lo que ocurrió de verdad? Me importa lo que percibiste tú, lo que ha guardado tu cuerpo de todo esto». Bien, pues esto es lo que yo recuerdo de todo aquello.

Los muñequitos del MSN no paraban de girar, sonaba la versión de Georgina de *La vereda de la puerta de atrás* de Extremoduro. En el *nick* mis amigas y alguna letra de Pereza, Nena Daconte, Berri Txarrak, Conchita o Kauta. El sonido que avisaba de que alguien se había conectado era puro condicionamiento pavloviano. Yo era la perra y ese sonido, la campana que indicaba comida. Empezabas a babear antes de ver quién era. Si era él, ¡premio! ¿Le hablo o espero a que me hable? ¿Estará hablando con más chicas? Aquel día, efectivamente, era él y sí, seguramente estaba hablando con más chicas.

No hay nada como esa primera vez en la que una flecha te atraviesa el corazón y crees que morirás, primero de amor, luego de pena y, finalmente, de rabia.

Un día estábamos paseando por el río y al despedirnos, durante el último morreo, noté cómo se me mojaban las bragas. Seguro que estás pensando que me había puesto cachonda, pero él nunca tuvo ese poder sobre mi libido. Era sangre, me había bajado la regla por primera vez. Llevaba tiempo esperándola, tenía casi catorce años y todas mis amigas la tenían, pero ese día me vino regulín.

Llegué a casa, fui al baño y me bajé los pantalones y las bragas corriendo. Allí estaba. Me pareció surrealista. «Ya eres una mujercita», te decían. A partir de entonces, recibí una educación sexual muy completa que se basaba en: «Ponle el condón, no te quedes embarazada y ten cuidado con todas estas enfermedades de transmisión sexual que ilustramos en este póster con monigotes igualitos a los de las caries que bailan en los anuncios de pasta de dientes (gonorrea se parecía muchísimo a sarro). Si pillas alguna de estas enfermedades, serás la vergüenza de tu familia. Te hemos vacunado de dos tipos de papiloma humano de alto riesgo oncológico, pero a tus compañeros con pene, que lo transmiten sin síntomas, no. Tendrás que ir a la educadora sexual a que te mire raro, te haga un montón de preguntas con las que te sentirás violenta y, finalmente, te dará un tratamiento. No sin antes decirte que eres una irresponsable y que deberías utilizar INTRODUZCA AQUÍ EL ANTICONCEPTIVO DE MODA».

A mí no me interesaba el sexo en absoluto. Yo solo quería escribir poemas, que nos besáramos, hacernos cosquillitas en el cuello y pasear. Obviamente, me dejó. Yo no quería que me tocaran y fui muy clara, así que no pude tener una relación hasta que fui más mayor, porque todos estaban obsesionados con tocarte las tetas e intentar meterte el pito a pesar de no saber meter ese pito diminuto, sin desarrollar y disfuncional en ningún sitio, por supuesto. Ellos enseguida se creen titanes, los educan para eso. Creen que van a introducir dos dedos por tu vagina y que vas a disparar un chorro de fluidos mientras gritas su nombre rozando el puto nirvana. Sin embargo, nosotras crecemos emparanoiadas por si nos huele mal el coño, se nos rompe el himen o tenemos la garganta suficientemente profunda. Nos falta autoestima muchas veces, pero si ellos hubieran tenido un poquito menos y hubieran preguntado más, nosotras nos habríamos ahorrado unas cuantas metidas de dedos asesinos en la vagina.

Después de que me dejara me sentí una mierda, creí que nunca se me pasaría. Habíamos sido novios casi un año, me parecía una eternidad. Empecé a compararme con su nueva novia, que, cómo no, era perfecta. Recuerdo beber agua hasta tener ganas de vomitar para no comer y vaciarme. Le seguí escribiendo cartas, canciones y poemas a él mientras me ahogaba en litros y litros de agua.

Por aquel entonces, mis amigas y yo teníamos ansiedad en la piscina por tener que pasar en bikini por delante de los chicos, que se sentaban mirando hacia el agua. Ellos observaban y seguramente comentaban cuál de nosotras tenía mejor culo. Sabían que teníamos que pasar por delante de ellos y, de alguna manera, estoy segura de que sabían que nos intimidaban. Él estaba entre aquellos chicos y supongo que yo solo quería purgarme para pasar delante de ellos sin complejos y que todos comentaran lo guapa y delgada que era.

Un domingo de frío y sol, mis favoritos, mis padres se fueron al pueblo de mi tía y yo me quedé en casa con la excusa de «estudiar» (no estudié en mi vida).

Estaba sentada en el sofá pensando en mi desgracia amorosa cuando escuché una voz en el pasillo.

—Eres una víctima, morirás de amor como la del muelle de San Blas de Maná, esperando a que vuelva. Pero no va a volver, desgraciada. No le has dejado tocarte las tetas y ahora tienes lo que mereces. Mojigata.

—¿Quién eres?

—Aquí, encima de la mesa.

—¿Dónde?

—Aquí, en el paquete de Marlboro, imbécil.

—Joder, me está hablando un paquete de tabaco, me estoy volviendo loca de amor como en la canción. Dios mío, tienes razón.

—Sí, te estás volviendo loca. Sería precioso que fueras al banco donde os besabais y te fumaras un piti de estos mientras lloras y recuerdas una y otra vez lo desgraciada que serás el resto de tu vida. Te sentirás mejor y además, si alguien te ve, parecerás todo lo adulta que no pareces al no querer tener sexo.

—Venga va, dame uno.

Tenía la barriga vacía, la tensión por los suelos y había llorado muchísimo, así que adivina cómo me sentó ese piti. Puse el cigarro entre mis labios y lo encendí. Me mareé y me flipó, me sentía como en una peli. El humo entró en mis pulmones y les susurró «Esto es lo que mereces. No eres guapa, ni lista, no sabes hacer pajas y estás gorda. Llénate de humo y disfruta del arte de ser misteriosa».

Sigo fumando. Me odio por ello y me fliparía dejarlo, pero creo que, en el fondo, me sigo sintiendo como la cría que salía corriendo cuando le tocaban una teta.

Mis primeros contactos con la sexualidad fueron una mierda. Había que elegir entre ser puta o virgen y yo no quería que me llamaran ninguna de las dos. Era un equilibrio imposible en el que cualquier mínimo movimiento podía hacer que la balanza se inclinase hacia alguno de los extremos. Lo peor de esto es que al estar tan pendiente de lo que los demás dirían, no podías descubrir qué mierda te apetecía hacer a ti realmente. Así que bebía y fumaba para «divertirme». Lo sigo haciendo, a veces es el único sentido que le encuentro a mi existencia.

Fumar es algo horrible que me he hecho, pero creo que es todavía peor cómo me hablo, cómo mi monólogo interno no para de boicotearme y decirme cosas horribles. No entiende de grises. No puedo creer nada de lo que dice, pero es difícil no creer a tu cabeza, es como no creer a tus padres cuando eres niña. Si me dejara llevar por esa voz, hoy no estaríamos hablando tú y yo. La odio, me tortura de una manera que me hace sentir única en el mundo, aunque, por desgracia, sé que no es así.

Desde aquel día, cogí la costumbre de escaparme a fumar todos los domingos. Recuerdo volver rozando la mano contra la pared para verme sangrar los nudillos. Madre mía, qué drama. Me ponía a Sabina en el MP3 y lloraba. Hoy en día no puedo ni escucharlo porque me lleva a un lugar en el que no quiero estar (por eso y porque es extremadamente taurino). Me tiraba horas pasando por delante de la casa del muchacho en cuestión, como una psicópata. El número de su portal era adictivo, más que la nicotina o los nudillos sangrantes.

El autoboicot es todo un tema. Yo me lo hago todo el rato, no puedo ser realista con absolutamente nada de lo que hago. No puedo saber cuándo algo está bien, me resulta imposible. Este último año, he tenido ganas de llegar hasta el final de la autodestrucción. **Me gustaría hacer una reflexión positiva sobre esa persona autodestructiva que vive dentro de mí, pero no la tengo. Ojalá desaparecieras para siempre. Mientras tanto, intento seguir haciendo cosas que quiero, pese a mí.** A veces me enfado con la vida, con los promotores, con las plataformas digitales… Pero nunca nadie me ha hecho más daño que esa señora tan pesada. **Aceptar que soy mediocre, apoderarme de la palabra y hacer de ello un arte, sin cambiar el mundo ni ser la mejor en nada, ha sido la única arma que he podido utilizar hasta ahora.** Este libro es para vengarme de ella. Cuando veo que va a insultarme, me insulto yo primero. La electricidad viaja por las dendritas y estallan.

«HAZTE DAÑO, TE LO MERECES».

11

La Hedonista

La que no ve sentido a la vida sin esas
cosas que le generan placer,
la que cuenta los minutos entre
la merienda y la cena

Si oliera a algo, olería a mi habitación después del sexo.

Si fuera una canción, sería *Hedonismo* de Villano Antillano.

Si pudiera decirme algo, sería:

«NECESITAS UNA CERVEZA, UN POLVO Y COMPRARTE ALGO. ¿QUÉ HARÁS AHORA, INFELIZ? ¿AHORA QUÉ?».

¿Cómo saciar una sed infinita?

Un no saber qué quieres y por eso metértelo todo en la boca al mismo tiempo.

La fijación oral, la falsa sensación de placer al autodestruirse.

La confusión entre adrenalina y felicidad.

La excitación por lo nuevo, lo diferente y lo prohibido.

El hedonismo por insatisfacción, por aburrimiento…

El hedonismo por apatía, monotonía y falta de autocontrol.

La necesidad de placer constante, rápido y desechable.

Los estímulos que antes te generaban placer dejan de hacerlo, como la tolerancia que provocan las benzodiacepinas. Cada vez necesitas cosas más y más fuertes, como la gente que empieza viendo porno *light* y acaba viendo violaciones y gente que se da de hostias. No dejo de pensar en todo lo que está pasando con la adicción al fentanilo, la cantidad de vidas que se pierden intentando encontrarse en una sustancia de la que cada vez necesitas más y más para desconectar de la vida. Es un problema de adicción, pero sobre todo es un problema social. Es responsabilidad de todos que tanta gente esté intentando hacer desaparecer su consciencia.

A veces tengo la sensación de que terminaremos metiéndonos un dedo por el culo mientras escuchamos música electrónica en una *scape room*, con unas gafas de realidad virtual puestas, mientras nos pinchamos heroína y comemos chocolate como cabronas para poder sen-

tir algo. Es como cuando utilizas tanto el Satisfyer que acabas con el clítoris más insensible que un usuario de Twitter. El próximo modelo de vibrador debería llamarse Taladro y tener varios niveles: broca del 2, del 3, del 4... También serviría para hacer agujeros en casa si lo necesitas. Porque sí, ya te has cansado de esos muebles que compraste la semana pasada.

Últimamente todo es tan sencillo como deslizar el pulgar por una pantalla táctil. Deslizas, deslizas y deslizas. Se te va la vida deslizando y no terminas de ver nada, porque mientras miras solo piensas que quizá lo siguiente será mejor.

Morimos de sed sin darnos cuenta mientras bebemos como locas del vaso equivocado.

Tenemos las pupilas mareadas de tanto dilatarse y contraerse. Más luz, más luz, más luz, oscuridad. Ahora con más sabor y glutamato monosódico. Ahora mucho más concentrado, mucho más nuevo y con más definición.

Entré en un centro comercial con todos los estímulos propios de esos lugares: luces, música, olores, cosas nuevas que comprar, comer, beber y tirarte por la cara. Creo que antes, en este lugar, había un bosque y un lago.

La gente iba deprisa, pero no iba a ninguna parte. Revisaban en su iPhone de última generación (ese que es igualito al anterior, pero mucho más caro y por el que hiciste una fila de veintisiete horas para comprarlo porque eres gilipollas) la novedad con la que deberían hacerse esta semana, eso que mañana estará completamente desfasado. Por los pasillos, me ofrecían cosas para probar, un nuevo té que hacía que tus papilas gustativas bailaran claqué y que además adelgazaba; adelgazar siempre es importante. Necesitas ese té si quieres entrar en los vaqueros que venden en la tienda de al lado. Si no te sirve una talla 38 de esa famosa tienda, habrás fracasado en la vida. No como el señor dueño de la cadena, millonario y buena persona. Empezó en un taller y ahora dona máquinas a los hospitales (me río). Generoso con la gente española, y de forma dudosa, pero esclavizando a gente en otros países. Pero ¿a quién le importa esa otra gente? Esa otra gente quiere trabajar. Pero no. No poder subsistir y tener que agarrarse a cualquier cosa no es libertad. Aprovecharse de eso para obtener mano de obra barata es de ser una grandísima mierda de persona.

Me paré en seco y miré a todas partes. Empecé a sentir el corazón en las manos, hormigueos en las piernas y veía manchitas negras. De pronto, no escuchaba nada, solo un pitido muy fuerte en los oídos. La gente me rebasaba por los costados, me rozaban con sus bolsas mientras yo colapsaba. Me puse de cuclillas porque no podía caminar. El olor de todos los perfumes y colonias hicieron barricada en mis fosas nasales impidiéndome respirar. El té adelgazante de canela que no me tomé se me fue por el otro lado. Todo el *shimmer* de los cosméticos *low cost* que no compré me picaba en los ojos, las luces de los recreativos a los que no jugué me cegaban y los sonidos de las alarmas de seguridad de las tiendas en las que no robé se equivocaban sin parar. La ansiedad podría ser eso, un sensor de esos que pita muy fuerte porque cree que está ocurriendo algo. Tú te asustas, pero, al final, resulta que no es nada, alguien se ha acercado demasiado a la puerta con unas perchas en las manos, pero para cuando te das cuenta de que no hay ladrones, ya tienes unas taquicardias horribles.

Estallé como una piñata que está hasta el coño de que la golpeen. De mí salió confeti, azúcar y purpurina. La gente lo celebró, subieron un vídeo a TikTok, fui *trending topic* durante un par de horas y todo el mundo dijo que me conocía, aunque nadie me reconoció. Allí morí, entre todos esos estímulos, enterrada en cosas que pasan de moda en cuanto rozan tus manos, ahogada en todo eso que me hicieron pensar que necesitaba, asfixiada por no llegar a fin de mes, pero mirando ropa de primera mano para ir a la moda. Allí morí y duré un asalto. Y por eso murieron todos. Eso sí, iba guapísima y me grabaron en 4K.

Si no tengo algo en la boca me aburro, juego con lo que sea entre las manos y si no, alimento mi onicofagia. Me he masturbado tanto que ha perdido el sentido, he comido tantas veces sin hambre que ya no sé cuándo necesito comer.

Moriré de sobredosis de lo que sea y de nada. Sobredosis de querer vivir en exceso. Sobredosis de poner los audios de WhatsApp a 0,5. Sobredosis de prisa y edulcorante. Sobredosis de estímulos insulsos que no me sacian en absoluto y que por eso vuelvo a comer.

«CHUPA, MUERDE, ASPIRA, TOCA, HUELE».

12

La Conciliadora

La que pasa por encima de cualquier
límite o necesidad por evitar una
confrontación

Si oliera a algo, olería a palo santo.

Si fuera una canción, sería *Depende* de Jarabe de Palo.

Si pudiera hacer algo por complacer a cualquiera, lo haría, incluso si eso supusiera pasar por alto sus principios y necesidades.

Si pudiera decirme algo, sería:

«CORRE, CREO QUE ALGUIEN ESTÁ EMPEZANDO A SENTIRSE INCÓMODA, TIENES QUE ARREGLARLO, MUÉRETE SI HACE FALTA, PERO ARREGLA ESTA MOVIDA, POR DIOS, POR LO QUE MÁS QUIERAS».

Imagina por un momento que somos cuatro amigas que hemos quedado a tomar algo en la plaza de Navarrería de Iruñea, Pamplona. Estamos A, B, tú y yo. Esta plaza es mi sitio favorito del mundo. Cuando empieza a hacer buen tiempo, que en el norte nunca se sabe cuándo es, la gente se coge su bebida y su *pintxo* en alguno de los bares que rodean la plaza y se sienta en el suelo con su cuadrilla. Beber, comer y reír. ¿Qué más le vas a pedir a la vida?

La gente conoce esta plaza porque en los famosos sanfermines los guiris borrachos se tiran de la fuente. Es importante que sepas que esto es lo menos guay que se hace en este sitio. Es un lugar mágico y precioso. Es un punto de encuentro, un cruce de peregrinos, un patio de recreo para las personas adultas y no tan adultas cuando terminan sus trabajos. Si subes por Karmen kalea, llegas hasta el portal de Francia. Si subes por Navarrería, llegas a la catedral y después al Caballo Blanco, desde donde las vistas son increíbles y donde recuerdo haberme dado más de un beso adolescente.

Si quieres saber más sobre Pamplona, ve a Pamplona. Yo voy a lo mío. Estamos A, B, tú y yo tomando una cervecita cuando, de repente, A confiesa que ese año no va a ir a votar. Las elecciones generales le pillan justo en su única semana de vacaciones y además le genera mucho estrés porque no confía del todo en el supuesto sistema democrático que tenemos. En su opinión, los partidos se unen unos con otros con los que no tienen nada que ver ideológicamente. B siempre ha estado muy involucrada en política. Cuando no entendemos algo, siempre nos lo explica, incluso ha sido militante en algún momento de su vida. Yo conozco bien a las dos, por lo que veo cómo a B se le aceleran las pulsaciones conforme A va dando sus argumentos para no ir a votar. Se le está hinchando la vena de la frente y eso no es buena señal. En ese momento, comienza la batalla. B empieza suave, explicándole que puede ir a votar por correo a partir de ese mismo día, así podrá ir de vacaciones y, al mismo tiempo, votar. Pero A está decepcionada con la vida en general y lleva una temporada bastante derrotista, y con razón. «¿Va a cambiar algo el hecho de que yo vaya? ¿Me van a bajar el precio abusivo del alquiler? ¿Me van a dar una plaza fija por fin en algún sitio con sueldo digno?». Es flipante lo rápido que puede pasar una discusión de lo general a lo personal. A veces creemos que todo va con nosotras, es como un recuerdo de la adolescencia, un traumita al que no le hemos hecho el caso suficiente.

La tensión puede cortarse con cuchillo. Tú y yo nos miramos, ajenas a la conversación. Estamos en mitad de la discusión, en tierra de nadie y de las dos al mismo tiempo. Imagino que tú estarás pensando que son unas pesadas, que mañana se les habrá pasado y que en breve pondrás alguna excusa para irte a casa. A y B no se dejan hablar la una a la otra, se pisan y no se escuchan. Llega un momento en que incluso parece que las dos estén diciendo lo mismo. «¡Si no votas, gana el fascismo!». «¿¡Me estás llamando fascista!?». «¿¡Cómo voy a llamarte a ti eso!?». Y entran así en un bucle absurdo.

Yo no puedo más, he acumulado tal cantidad de cortisol en estos quince minutos que creo que voy a estallar. Abro mi mochila y saco un bombín, me lo pongo, me levanto y arranco mi ropa como un estríper. Debajo llevo un mono de lentejuelas rojo brillante. Las tres me miráis extrañadas, pero por lo menos han dejado de discutir. Te pido que te unas, pero sabes que esta no es tu guerra. Empiezo a cantar. La gente se pone a bailar conmigo como en un *flashmob*. Todo el mundo lleva trajes y americanas de lentejuelas como las de circo, las de domadora de leones. Aquí no hay leones, pero mis amigas pueden dar más miedo que cualquier animal salvaje.

Navarrería se convierte en una especie de cabaret. La canción tiene un mensaje absurdo, sensacionalista y barato. Dice que debemos ser amigas, que no importan nuestras diferencias, sino las cosas que nos unen. Para el número final, me subo a la fuente de la plaza, mi cuerpo de baile forma una red humana debajo y con la última nota salto mientras termino mi vibrato. Los demás se agarran las manos y giran alrededor de las personas que me recogen mientras caigo. Terminamos con una pose increíble. A mí me elevan porque soy la prota de la conciliación, claro. Después de unos segundos estáticos, la gente vuelve a su sitio tranquilamente con sus ropas originales.

Parece que no haya pasado nada, pero hay más gente que antes. Intento llegar hasta donde están mis amigas. No están. Miro el móvil y tengo un mensaje: «Mai, no sabemos adónde has ido. Nos vamos al cine, que parece que va a llover».

Entonces me doy cuenta de que soy completamente ridícula. He hecho el esfuerzo de mi vida, he montado una escena digna de Bollywood, podría haberme matado tirándome de la fuente como hace esa gente imbécil en San Fermín. Y todo para que la discusión y el mal rollo desaparecieran. Y mientras, A y B han terminado su debate, se han dado cuenta de que son un poco tonticas y se han perdonado la una a la otra brindando con una cervecita.

Soy consciente de que a veces, con la excusa de la conciliación, acabo consiguiendo que la gente haga lo que yo quiero. Es la Manipuladora, que se viste de Conciliadora para evitar la culpa. No tiene nada que ver con hacer que las personas de mi entorno se sientan bien, sino con sentirme bien yo. En realidad, creo que siempre es así, en todos los casos. Te monto un *flashmob* porque me incomoda que tú estés incómoda, no porque quiera que tú estés bien.

A veces, en terapia, cuando hablas de cierta sensación recurrente, te invitan a recordar la primera vez que la sentiste.

No sé cuántos años tenía, pero pocos. De niña, era manipuladora, me relacionaba poco, pero recuerdo pensar mucho. Pensaba durante días en una conversación que había durado un segundo. Todo aquello que escuchaba y no entendía se convertía en un monstruo horrible por las noches. No lo contaba nunca. Creo que en mi familia estábamos pasando una etapa complicada en lo económico y en lo emocional, que la relación de mis padres se sostenía sobre algo tan pequeño como era yo. Mi padre me había dicho que últimamente mi madre estaba muy cansada de trabajar y que si necesitaba algo, se lo pidiera a él. Me dijo que procurara no hacer nada que la cabreara o que diera trabajo. No recuerdo hacer cosas que cabrearan a la gente aposta hasta los trece años por lo menos. Por otro lado, mi madre me había dicho que mi padre estaba un poco regulín. A veces no salía de la cama y yo no entendía nada.

Una no sabe qué es la depresión hasta que la vive en sus carnes. Tampoco pretendo que la Maialen de esa edad comprenda algo tan complejo. Ni siquiera lo entiendo ahora, cómo lo iba a entender entonces… De todas formas, por mucho que leas, te informes o escuches pódcasts, la depresión no la entiendes del todo hasta que la atraviesas. Es como un túnel del terror que dura lo que tú tardas en recorrerlo. Dentro, pierdes la noción de los principios, de los finales, de permanecer en un sitio. Cuando, por lo que sea, ves un rayo de luz, echas a correr. Viene y va, no es lineal. A veces te dan ganas de dejarte matar por el puto zombi del final. Creo que mi padre tenía el cuello en la boca del zombi cada dos por tres. Y también pienso que mi madre no tenía ni puñetera idea de qué hacer, ni la certeza de que no fuera su responsabilidad. Una cosa es que te hagas cargo de algo y otra muy distinta es que sea realmente tu responsabilidad.

Total, que yo pensé: «Guau, tendré que valerme por mí misma… Mi padre está en el túnel del terror y mi madre tiene que descansar, y si necesito algo, pues… Bueno, ya veré». Vaya, que eso tampoco me supuso ningún drama. Si algo he sido siempre, es independiente. Prefiero pecar de encontrarme sola, que de sentirme atada a algo o a alguien. A veces me paso con la soledad, no te voy a mentir.

Era un domingo por la mañana. Lo sé porque estábamos los tres en casa y eso solo ocurría los domingos por la mañana. No recuerdo el motivo, pero mis padres discutían mientras yo me tomaba el colacao viendo *Pepper Ann* en la tele. No lo pensé mucho, pero sabía que si lloraba por sentirme sola y todo eso y los hacía sentir culpables, dejarían de discutir. Así fue. Aparecí en su habitación llorando, me sentaron en la cama y me preguntaron por qué lloraba. «Es que el *aita* me ha dicho que la *ama* está cansada y la *ama* que el *aita* está triste y yo tengo hambre y no sé a quién tengo que pedirle las cosas». Todo esto dando muchísima pena, claro.

No sé si la situación me generaba tristeza de verdad o

si fue todo un teatro. No puedo distinguirlo. Pero sí recuerdo pensar: «Vaya, así que puedo hacer este tipo de cosas». Con cara de pena, voz aguda y ojitos de cervatillo, puedo conseguir lo que sea en la vida. Ahora ya no funciona tan bien porque tengo treinta años y parecería bastante ridícula; aunque, pensándolo bien, hay mucha gente que piensa que soy ridícula, igual tienen razón.

En esa ocasión, aprendí a utilizar la manipulación para que un conflicto desapareciera. O eso creía yo, porque los conflictos sin resolver no desaparecen, se enquistan. Pero eso lo aprendes luego, yo casi a los treinta, por ejemplo.

Sigo sintiendo la responsabilidad de que haya buen rollo en los grupos y para conseguirlo he llegado a sobrepasar límites insospechados. Puedo subir el Everest y volver corriendo con tal de que no te enfades, y sin conocerte. **Cada vez lo hago menos y debo confesar que, aunque se supone que debemos abrazar todos nuestros vértices, a esta persona que vive en mí la mataría encantada. Creo que es la que menos me gusta, porque vista desde fuera parece buena, pero por dentro se está mordiendo las entrañas, así que no, no te quiero, hipócrita. No voy a abrazarte, voy a soportarte, sortearte como pueda y no voy a pedir perdón por ello. No voy a pedir perdón por odiarme a veces.**

Cuando éramos pequeñas, siempre nos decían que teníamos que ser amigas, pero no. No puedes ser amiga de todo el mundo, hay gente a la que con soportarla es suficiente. Pues eso voy a hacer yo con la Conciliadora, soportarla. A La Manipuladora, matarla en cuanto pueda.

«TIENES QUE HACER LO QUE SEA PARA QUE HAYA BUEN ROLLO AQUÍ. NI SE TE OCURRA MENCIONAR QUE ALGO TE HA MOLESTADO».

13

La Superior

La que puede desearte la muerte por
no pensar igual que ella, pero
finalmente decide mirarte con pena por
no llegar a su misma conclusión, que es
la inpepinablemente correcta

Si oliera a algo, olería a la típica mezcla de perfumes empalagosos de una cadena de droguerías.

Si fuera una canción, sería *Curious/Furious* de Willow.

Si pudiera tratar como a niños y niñas a todas las personas que no piensan como ella, lo haría.

Si pudiera decirme algo, sería:

«POBRE... ¿NO VES QUE NO PUEDE LLEGAR A LA MISMA CONCLUSIÓN QUE TÚ? NO SE LO EXPLIQUES MÁS. SONRíE Y COMPADÉCETE DE SU ESTUPIDEZ».

Iban a construir unos pisos cerca de casa de mi abuela, en un pueblo del interior de la comarca de Pamplona, pero llegó la crisis de 2008 y el proyecto quedó parado. Eso o que el terreno está al lado del río y todos los años el agua decide salir de su cauce y liarla parda. Me siento bastante identificada con el río. Si fuera un elemento de la naturaleza, sería un río. A veces caudaloso y otras medio seco; a veces hay que bajarlo haciendo *rafting*, pero otras puedes atravesarlo caminando. Por lo general, frío, pero si te abraza, te abraza con ganas. Iba a decir para siempre, pero no, desde que salí de Pamplona ya no abrazo «para siempre». Moraleja, el agua irá adonde quiera, las intrusas somos las humanas.

Total, que una persona de mi familia decidió ocupar uno de esos terrenos que nadie estaba utilizando y que sabíamos que una vez al año se anegaba. Estoy insistiendo mucho en el tema de la inundación, pero, en realidad, no es nada relevante en la historia, solo es algo que me parece flipante. Lo veo como una venganza de la naturaleza y me alegro sinceramente. Lo siento por las personas que lo pasan mal cuando ocurre, pero me alegro por la porquería de especie que somos en general. **Abajo la civilización.**

Pero a lo que iba. Algunos días, quedábamos allí toda la familia y hacíamos costillas, chistorra y demás trozos de animal muerto al fuego. En mi familia hay varias personas a las que siempre les ha gustado de más el alcohol, lo que me ha causado algún que otro problemilla. No me gusta la gente borracha. No puedo evitarlo, tengo una especie de aversión aprendida que no me deja disfrutar de la fiesta del alcohol.

Yo llevaba varios meses yendo a los rodajes de una peli que estaba dirigiendo el padre de una amiga de clase. Iba gratis, a aprender, porque quería estudiar audiovisuales (durante ese rodaje decidí que no). Allí había un ambiente increíble, la gente sabía muchísimo de cine, de fotografía, de autores y autoras, de interpretación... Tenían muchísimo sentido del humor, pero al mismo tiempo se ponían muy serios cuando había que currar. Todo el mundo reía muchísimo sin necesidad de tener una cerveza en la mano. Yo empecé a sentirme parte de todo aquello, o por lo menos lo intentaba. La realidad es que no me enteraba de nada cuando hablaban del ISO, el *script*, el rácord y blablablá, pero todo lo preguntaba. Con diecisiete años me sentía con derecho a no saber sin parecer una inculta. Con casi treinta ya me da más vergüenza. Mi mayor complejo es la poca cultura general que tengo y creo que en parte tiene que ver con la poca capacidad que tengo para almacenar datos, incluso sobre aquello que me flipa, como la música.

Me llevaba bien con mi familia, me reía muchísimo y lo pasaba genial. Pero hubo un día en que algo cambió. Venía del rodaje, de escuchar conversaciones interesantísimas y de reírme muchísimo. Cuando llegué a la huerta, vi cómo comían carnaza hecha al fuego y bebían vino y cerveza. Hablaban a viva voz y sin demasiada gracia de cosas de hacía tiempo y éticamente dudosas. Sentí un mareo rarísimo. Antes de poder siquiera saludar, el suelo comenzó a moverse como en un terremoto brutal y mis pies parecían estar cada vez más lejos. Pensé que se trataba de un maldito delirio, hasta que noté que algo chocaba con mi nuca y ¡joder, era el techo! Lo había roto en mil pedazos con la cabeza y seguí creciendo, como Alicia en *Alicia en el País de las Maravillas* cuando acaba con un nido de pájaros en la cabeza. Miré a mi alrededor y vi las tejas y la chimenea a la altura de mi barbilla. Empecé a hiperventilar. No paraba de mirar a todas partes intentando encontrar una explicación lógica. Conseguí ver algo por el hueco que quedaba entre el techo y mi cuello. Era mi familia, tan tranquila, sentada a la mesa. Comían costillas de cerdo, reían y parecían felices. Grité con todas mis fuerzas asustada para pedir ayuda, pero no parecían escucharme. Seguían a lo suyo como si nada, todo parecía una de esas pesadillas de las que solo quieres despertar. Todo estaba como antes de llegar yo, nadie me había visto. Medía cinco puñeteros metros y nadie me veía.

Un pájaro se posó en mi cabeza y, con el susto, me sacudí como mi perro cuando le molestan las moscas en el campo. Por supuesto, no tuve éxito.

—Eh, ¿qué haces? ¿No ves que me vas a tirar, imbécil?

—¿Qué? ¿Quién eres? ¿Qué está pasando? ¡Bájame, que tengo vértigo, joder!

—Yo no puedo bajarte, has subido tú solita, tan inteligente y superior que te creías. Tendrás que buscar la manera de empequeñecer tú sola, por lista.

—Vale, he aprendido la lección, de verdad. Por favor, devuélveme a mi tamaño natural.

—Pero ¿tú te has creído que soy una puta hada madrina o algo por el estilo? Esto no es un cuento con moraleja.

—Entonces ¿qué tengo que hacer?

—No lo sé, yo solo soy una hembra de vencejo. Llevaba diez meses sin posarme en ningún lugar, he visto la pista de aterrizaje que tienes como cabeza y me ha parecido un buen sitio para poner mis huevos.

—¿Qué? ¿Aquí? ¿En mi puta cabeza?

—Te digo que llevo diez meses sin posarme, niñata, cállate un poco. Bastante tengo con haber elegido el peor sitio del mundo sin darme cuenta. Qué cruz.

—¿Y no puedes elegir otro sitio? Por favor, yo solo quiero volver a mi tamaño normal.

La hembra de *Apus apus* había escogido mi cabeza para construir su nido y no había forma de disuadirla. Le pregunté por su pareja, porque me sonaba que eran monógamos y que iban juntos. No quiso responderme.

—¿Cuánto tiempo vas a quedarte…, como te llames?

Me pareció feo llamarla pájara. ¿Por qué todos los nombres de animales en femenino tienen connotaciones negativas?

—Me llamo Hegan y voy a quedarme hasta que mis huevos eclosionen.

—¿Y eso cuánto tiempo es? —pregunté intentando que no se notara mi impaciencia sin conseguirlo.

—Unos diecinueve o veinte días. Luego tendrás que esperar también a que mis hijos dejen el nido, claro.

—Jo-der.

No sabía cómo narices podía estar veinte días así. Al final, negociamos que esperaría solo a que eclosionaran los huevos y que luego buscaríamos una alternativa hasta que sus hijos estuvieran preparados para volar. No me quedaba otra opción, Hegan era el único ser vivo que sabía de mi existencia allí arriba y tenía peor carácter que yo, si es que eso es posible.

Yo seguía mirando por el hueco que quedaba entre mi cuerpo y el techo roto y vi cómo mi abuela y mis tías empezaban a recoger todo para marcharse a casa. Lloré un poquito y me resigné. Dejé de sentir pena por ellas y empecé a sentirla por mí, pero sin dejar de juzgar, ni siquiera en esas circunstancias, que los hombres no estaban recogiendo la mesa. Siempre me queda tiempo para esto.

Hegan y yo nos hicimos amigas. Me contó de dónde venía y adónde iba. Hablamos de lo duro que era ser una pájara y de las diferencias que había entre ambas especies, ninguna tan notoria como para creernos tan sumamente superiores. Pasaron veintiún días exactamente, con sus noches y sus madrugadas. Aquellos amaneceres eran increíbles, en primavera todo coge un color precioso y verlo desde allí arriba fue increíble. Paradójicamente, la experiencia me sirvió para darme cuenta de lo pequeña que era y de las cosas tan increíbles que eran capaces de hacer otros seres vivos, como volar de África a Europa sin posarse en el suelo ni un solo segundo. A la salida del sol del día veintidós, dos huevos empezaron a abrirse, notaba el movimiento en mi cabeza.

—Mai, ya están aquí.

—Lloré.

—¿Recuerdas cuando te dije que no era un hada madrina?

—Sí, el día que nos conocimos… —respondí algo emocionada.

—Pues no lo soy, pero quizá sí pueda ayudarte. Has tenido paciencia, me has acogido en tu gran cabeza, que, por cierto, parecía más cómoda de lo que realmente es. La tienes tremendamente dura —dijo entre risas Hegan.

—Y tú tienes un ojo regulero, me has confundido con la copa de un árbol.

Ambas reímos emocionadas.

—Entonces ¿vas a ayudarme?

—Por supuesto. Coge el nido con las dos manos y cierra los ojos.

Hice lo que me pidió y vi a los pajaritos picoteando a Hegan. Un viento frío se levantó y apreté el nido entre los dedos para que no saliera volando. Empecé a menguar rápido, creo que grité, pero no lo recuerdo con claridad. Cuando quise darme cuenta, había recuperado mi tamaño. De pronto, el nido apenas cabía en mis manos y Hegan ya no estaba.

—Hegan, ¿qué hago ahora? —dije desesperada.

Pero no me respondió, parecía que el hecho de volver a mi estado natural había hecho que cada una hablara un idioma distinto de nuevo.

Salí a la calle perdida, con los pajaritos en las manos, y la vi volando sobre el manzano de fuera de la huerta. Me subí a una escalera de esas que se utilizan para pintar y coloqué el nido entre las ramas. Me quedé mirando, por si no era seguro, y vi cómo Hegan me sobrevolaba haciendo círculos. Lo entendí como un «OK, me fío, lo has hecho bien». Yo también hice círculos con el brazo, como Pocahontas, para despedirme: «Wingapo». Una princesa Disney en toda regla, solo que con nariz de villana y ojos de personaje secundario.

—Hasta pronto, pajaritos. Volveré para veros hasta que alcéis el vuelo por no sé cuántos meses.

La Superior vuelve cada vez que veo a alguien que come carne o cuando paso por el barrio Salamanca y veo a los hombres en las barberías. Esto último me cabrea especialmente: muchachos muy jóvenes con uniforme haciéndoles cosas que no entiendo en la barba a unos señores ricos por cinco euros la hora para después volver a esos pisos horribles que comparten indignamente con siete personas.

Hegan sobrevuela cada vez que esa Maialen condescendiente hace el amago de aparecer. Gracias, *Apus apus*, por enseñarme a entender y a comprender para poder aprender siempre de otros seres vivos. Excepto de los señores de las barberías. Si tu reloj vale más que dos meses de mi alquiler, no me caes bien, lo siento. Wingapo.

«ESTÁS POR ENCIMA DE TODO ESTO, NO ODIES, SIENTE PENA Y SONRIE HASTA QUE VEAS A ALGUIEN QUE VUELA MUCHO MÁS ALTO QUE TÚ».

14

La Colgada

La que cambia de opinión sobre algo
importante y ni siquiera se da cuenta
porque no recuerda haber pensado
lo contrario ayer

Si oliera a algo, olería a gasolina.

Si fuera una canción, sería *SAOKO* de Rosalía.

No sabe que existo, no me tiene en cuenta, no se acuerda de mí, así que no me dice nada.

Sería bastante colega de la Punki y de la Divertida.

Vive como en una ensoñación constante, es la que hace *twerking* mientras se hace la cena, un poco la que escribe esto, la que adopta perros sin pensar demasiado, la genuina. Me cae bien. Aparece cuando tiene a alguien al lado que lleva el volante de la situación. Es una sensación preciosa de seguridad que te permite caminar por una ciudad desconocida sin consultar el GPS y llegar a tu destino. Puedes ir mirando los edificios, a la gente, los pájaros… Puedes ir de vacaciones sin programar nada, no fijarte en la fila que te ha tocado en el cine… Solo tienes que dejarte llevar, y a mí me flipa que me lleven. Cuando vas de copiloto, puedes fijarte más en el paisaje o en qué cosas hacen las personas que van dentro de los coches a los que adelantas.

Colgada como en la carta del tarot: inocente, inconsciente. Colgada de alguien, porque así te vuelves cuando estás pillada de alguien hasta las entrañas. Colgada como sinónimo de loca, perturbada, insensata, imprudente… Es la que no puede concentrarse con nada porque todo le flipa, todo lo quiere y todo lo ama, aunque igual mañana no. Esta es la que se presentó al casting de *Operación Triunfo*, la que disfrutó hasta morir por su pura inocencia y desconocimiento. Me flipa el desconocimiento. A veces me avergüenzo de ella porque puede resultar repelente, inconsciente y un poco tonta. No digo que no lo sea, quizá lo sea, pero le da igual porque es feliz, disfruta. **No sabe por dónde le pega el aire, comete errores absurdos sin parar y es disléxica.** Se sacó el carnet de conducir al séptimo intento, pero en cuanto pudo se metió sin miedo en las ciudades más difíciles con el coche. Ser inconsciente a veces puede salvarte la vida tanto como el miedo, la responsabilidad o los cirujanos.

Toma las decisiones de forma genuina, no es perfeccionista ni le gusta dar muchas vueltas a una misma cosa. Le gusta hablar sola y actúa antes de pensar. A veces es intuitiva y otras hace que quiera morirme de la vergüenza. Alguna vez he querido que me tragara la tierra por su culpa, pero la perdono; la perdono porque no hay nada que me guste más que las cosas que se mueven por pura inercia, como las cortinas con el viento, sin consciencia del movimiento.

La Colgada aparece cuando todas las demás están dormidas. A veces la Divertida y la Punky la escuchan a tientas moverse por mi cuerpo y se unen a la fiesta. En ocasiones, incluso la Hedonista se ha unido a la fiesta. Hubo una vez en la que cogieron el mando completamente. El resto se habían empachado y estaban tan saciadas y tranquilas que entraron en un sueño profundo, como el de la princesa Aurora. Hablo de cuando estuve en *Operación Triunfo*. Sí, otra vez, lo siento. No es que me haya quedado anclada allí, aunque quizá un poco sí, es que aquello me cambió la vida, me cambió a mí, y no por la «fama» ni por la música, sino por la experiencia de estar dos meses encerrada en un lugar sin estímulos externos. Es curioso que justo en el momento en el que más personas me estaban mirando, menos me preocupé de cómo se me veía. Esos meses entraron ellas en juego: la Colgada por inconsciente, la Hedonista por disfrutona, la Punky por fiel a lo que siempre quiso hacer y la Divertida porque tuve las ideas más locas de mi vida. He rescatado un trocito de un post que escribí en Instagram el día que hicimos el último concierto pandémico de *OT*. Me flipa leer esto porque me encanta ver cómo la esencia de lo que sentía cuando salí sigue siendo la misma. Me encanta ver que en eso no he cambiado de opinión, que estuve tan colgada que fue maravilloso. Es verdad que luego vino una pandemia, una mudanza, una ruptura y conflictos familiares destructivos que me sacaron de ahí, que me devolvieron a ese lugar tan gris en el que la Apática reina con toda su tormenta. Yo no quería salir de allí, honestamente, me daba igual que estuviera muriendo gente, me daba igual todo, solo quería volver al país de la Colgada, la Divertida, la Hedonista y la Punky.

La publicación es del 28 de julio de 2020, un mes y pico después de terminar el programa, cuatro meses y pico después de que nos sacaran de la criogenización a hostias y nos mandaran a casa.

El 6 de enero cogí un tren a Barcelona. Estuvimos unos días en un hotel haciéndonos pruebas médicas y demás. Lloraba todos los días.

Creo que sabía que algo cambiaba en mí para siempre. No se me da muy bien relacionarme al principio. No se me da bien estar en grupos grandes. Solo quería hacerme una bola debajo del edredón. (La Antisocial, la Apática y la Pequeña).

No pensaba pasar de aquel primer *casting*. Canté *Contra todos*, del gran Robe Iniesta (La Punky).

Así me he sentido un poco toda la vida, con los brazos cansados ya de nadar a contracorriente.

Pero el viento estaba cambiando...

De pronto, se encienden los focos y yo no soy capaz de mostrar ni una décima parte de mí.

Llevaba casi diez años subiendo a cantar con mi guitarra, pero aquello era otra cosa. Con la música no se compite. Nunca. Ni siquiera en un programa de televisión (mira la Conciliadora, qué risa).

Todas esas personas tan diferentes a mí, empiezan a oler distinto. De hecho, todas olemos igual, será el suavizante de la ropa (la Mamá).

Cada vez que salimos a ensayar a plató, tengo más ganas de volver a «casa».

De pronto, todo el mundo de fuera deja de existir, cruelmente, fríamente. Pero es así. Se llama supervivencia (y aquí llega la Colgada).

Canté dinamita. Todo estaba en llamas dentro de mí. Una parte muriendo y otra renaciendo (la Creativa, la Punky).

De pronto, veo en los ojos de las demás algo diferente. Admiración, amor... De pronto, me siento en «familia». Un concepto que no me ha acompañado demasiado durante mi vida. Al menos no como en los anuncios de turrón en Navidad.

A ratos fui más feliz que en toda mi vida.

Llegó un punto en el que esa pequeña realidad era toda nuestra verdad. Ya no pensabas que nadie estuviera mirando.

Acabas siendo más tú que nunca. Acabé siendo más yo que en toda mi vida.

Mientras, en el mundo exterior, todo eran tormentas. Algo muy turbio estaba arrasándolo todo, en todos los sentidos.

Y yo, egocéntrica, solo pensaba en que no quería dejar de ser así de feliz.

Miraba a mis hermanas y hermanos a los ojos y no... no podía ser verdad.

Creo que pasé los meses más complicados de mi vida.

Lloré muchísimo. Nos veíamos por los ordenadores, pero aquello solo me daba más ganas de llorar (y aquí empezó a gestarse la Apática que arrasó mi vida años después).

Pensaba en mi abuela, en las ganas de abrazarla. En que qué mierda iba a pasar con el mundo.

El día que cumplí veintiséis años volvimos a entrar.

Me hicieron una tarta, pero no pude comerla porque tenía canela. Odio la canela. Quería comer, pero no pude.

Aquellas tres semanas no pensé en nada.

Tuvimos el regalo de poder salir del mundo real en un momento tan complicado.

El otro día fue la última vez que levanté el bracico con el micro al final de una grupal.

Ya era hora, no os voy a mentir.

Lloré. Muchísimo.

Todas sabemos que ya era hora, pero echar a volar da un miedo que flipas.

Se terminó. Ya no voy a volver a ser así de niña. Así de inocente y feliz.

Ahora será genial, pero será diferente.

Joder, nos ha cambiado la vida. Y no porque haya personas esperando en la puerta del hotel, ni por las y los seguidores de Instagram, sino porque algún aminoácido en las hebras de ADN ha mutado.

Ahora somos mutantes.

Triunfitos. Triunfitas. Y con mucho orgullo. Porque no es fácil lo que hemos hecho, familia.

Yo qué sé. Gracias.

@ismaelagudo

@noegalera

@operaciontriunfo

Profes, profas…

A Clara, Ale, Mariona.

Pablo, Ali, Sonia, Thamara.

Vicente y compañía…

Peluquería, maquillaje…

Miguel.

Personas de detrás de las cámaras.

Yo qué sé. Todo el mundo.

Gracias por cada dosis de transparencia.

Gracias.

Me enternece muchísimo este texto y quería dejarlo aquí para siempre.

«ASÍ ESTÁ ESTUPENDO, TÍA».

15

La Hipocondriaca

La que tiene un cáncer semanal y se despersonaliza en el espejo cada día

Si oliera a algo, olería a hospital.

Si fuera una canción, sería *Peligrosamente Dark* de Leiva.

Si pudiera contratar a una persona que se dedicara a la medicina para vivir con ella, lo haría.

Si pudiera decirme algo, sería:

✗

«¿CON QUIÉN DEJARÁS A LOS PERROS CUANDO MUERAS, QUE SERÁ LA SEMANA QUE VIENE?».

Hace tiempo que me da más miedo que mueran mis perros que esa herida rara en la lengua que el dentista dice que hay que biopsiar. Hace tiempo que tengo más miedo cuando no te escucho respirar por la noche que la lesión que tengo en el útero por el VPH. Hace tiempo que tengo más miedo a que mi padre tenga una crisis epiléptica conduciendo que a no ser consciente de que tengo un cáncer de mama entre los mil fibroadenomas de mis tetas.

Hay veces que estoy tan segura de que moriré pronto que empiezo a planear cómo quiero que sea mi funeral, quién quiero que cuide de los perros y a quién le cederé mi guitarra, que es lo único de valor que tengo. Cuando se me pasa, resulta hasta cómico, pero en el momento no tiene ni puta gracia. No le digas a una persona hipocondriaca que está exagerando, por favor. Ayúdala a comprender que hay una distorsión de la realidad en su percepción. Lo que tú sientes y recibes del entorno depende de cómo lees tú esa realidad. Nadie y todas al mismo tiempo estamos continuamente equivocadas o en lo cierto. La percepción de la realidad es tan diversa como personas hay en el mundo, por eso no puedes creer que estás en lo cierto sobre absolutamente nada. Cuando yo creo febrilmente que tengo una enfermedad terminal, mi percepción es que la tengo. Por lo tanto, estoy viviendo un duelo como un puto campanario y lo último que necesito es que me digas que estoy haciendo el imbécil.

Me siento culpable constantemente por pensar que estoy enferma. Siento que es una falta de respeto a las personas que lo están de verdad, si es que no lo estoy.

Otras veces pienso que ser hipocondriaca me salva de ponerme enferma. Nadie a quien le diagnostican la muerte en la tele se lo espera. Si me lo espero todo el rato, no podrán diagnosticármela. Es un pensamiento mágico, una especie de superstición. Por eso, cuando llevo mucho tiempo sin creer que me estoy muriendo, me preocupo porque pienso muy fuertemente que enfermaré por ello.

Sin embargo, también hay días en los que siento que, de tanto pensar que moriré, acabaré enfermando. Sé que son pensamientos supersticiosos y sin sentido, mi mente tiende a crear relaciones entre movidas que no tienen nada que ver y tengo un don para fiarme y creer completamente lo que mi cabeza me dice.

La realidad es que no me da tanto miedo morir. Tengo la sensación de que no me enteraré de nada, que, de pronto, estaré mirándome a mí misma desde arriba, viéndome en una camilla de esas de metal y pensaré: «Hostias, he muerto. Bueno, no pasa nada». Me digo que he hecho un montón de cosas chulas, que he conocido a gente increíble y, aunque todavía no he visto tortugas bebés salir de los huevos, que es mi sueño, sobrevaloro mi imaginación y pienso: «Bueno, lo he visto en mi cabeza y en documentales, seguro que no es para tanto». Y así con todo lo demás. Lo que sí que me aterra es estar enferma, sufrir, que sufra mi entorno, tener que explicar en el hospital que soy vegana… Es un lío, me viene bastante mal. Para mi discográfica también sería un marrón porque les debo mucha pasta, aunque a lo mejor, si me muero, sube el número de oyentes mensuales de Spotify.

Pienso mucho en Andrés Demian Lewin, un compositor increíble que falleció antes de publicar su disco *La tristeza de la Vía Láctea*, un disco precioso y brillante que no puedo parar de escuchar mientras lloro a mares. A veces le hablo, no sé por qué, ni siquiera lo conocí. Te animo a unirte a sus oyentes mensuales, pero no por nada, sino porque va a ser un puñetero regalo para ti.

El pánico a enfermar me ha llegado a paralizar en algunos momentos de mi vida. Hubo un tiempo en el que intentaba no tocar nada, y no para evitar romper cosas, sino para no romperme yo. Si alguien tosía cerca de mí o mencionaba que le dolía la barriga, me iba corriendo a casa, metía toda la ropa en la lavadora y me ponía bajo la ducha con agua ardiendo para matar cualquier patógeno que pudiera tener encima. Me encerraba en cuarentena durante las cuarenta y ocho horas que calculaba que podía tardar en manifestarse un hipotético virus, bacteria o parásito que fuera a hacerme vomitar. No podía permitir que me pillara fuera de casa.

Recuerdo viajar en autobús de pie, intentando no tocar las barras que hay para agarrarse. Odiaba a la gente que no ponía la mano en la boca para toser o que no se quedaba en casa si le dolía algo para no contagiar a nadie. Me lavaba las manos tantas veces al día que tenía los nudillos en carne viva. No comía absolutamente nada en un restaurante por si me intoxicaba, no salía de fiesta, ni se me ocurría beber ni una sola cerveza. Hacía equilibrismos en la vida, en el autobús y en la cuerda floja que separa la locura de la cordura. Acabé en Psiquiatría.

Salud Mental estaba en la segunda planta del centro de salud. Allí daba por hecho que no me iba a poner enferma porque la depresión, la personalidad límite o las adicciones no se contagian. Pero antes de subir las escaleras sí podía infectarme, así que me subía la camiseta hasta la boca y corría escaleras arriba. El primer día coincidí en la sala de espera con una chica a la que conocía. No nos saludamos. Creo que a las dos nos dio vergüenza que la otra nos viera allí. Estoy segura de que esa chica nunca contó que me había visto, hicimos un pacto de silencio casi sin mirarnos a los ojos. Todavía no había tantos *influencers* diciendo que había que ir a terapia, todavía era de «locas» estar allí.

Cuando hablar de esto se puso de moda, yo me puse contenta, pero sinceramente he cogido manía a ciertos discursos vacíos sobre salud mental. Creo que hay enfermedades de primera y enfermedades de segunda. Tener depresión puede parecer incluso romántico, pero nadie habla de tener un brote psicótico o una personalidad límite. **La realidad es que cuando una persona está enferma, gran parte de su entorno se distancia. Nadie quiere cerca a una persona que está transitando un lugar tan oscuro. Nadie quiere una pareja que pierde su libido por los antidepresivos. Nadie quiere una amiga que no puede entrar en un bar porque tiene agorafo-**

bia. **Nadie quiere una hija a la que no entiende, una vecina que parece que lleve un mes sin ducharse. Nadie quiere parar a preguntarse qué le pasa a esa persona que habla sola por la calle. Una vez me dio tal crisis de ansiedad en un paso de cebra porque sentía que la gente se me tiraba encima que me quedé en cuclillas y con la cabeza entre las rodillas. Nadie se paró a ayudarme.**

Me parece muy poco probable que ninguno de los engranajes de la compleja maquinaria que es el cuerpo falle. Siento que en cualquier momento algo se irá a la mierda, se me disparará un neurotransmisor y empezaré a delirar. Que en un segundo mi corazón se va a atorar y dejará de latir para siempre. Creo que me pasa como con los aviones, como no sé cómo funcionan, pienso que fallarán; como no soy yo quien los maneja, no comprendo que puedan llegar a su destino. Hay que ser narcisista e imbécil para estar más segura cuando manejas algo tú. Sobre todo si eres yo, una completa inútil para muchas cosas. Cuanto no tengo el control total de la situación, pienso que todo se irá al traste. Si tenemos un concierto, imagino que todos los cables que yo no he enchufado fallarán y que todo eso que yo no entiendo en las secuencias del ordenador se disparará a destiempo.

Aun siendo una inútil y pensando que nunca hay nadie al volante de mi insignificante existencia, a veces he acabado en sitios increíbles, con gente increíble de la que he aprendido muchísimo. Por ejemplo, canté unos años en el Orfeón Pamplonés juvenil. Fue una de las cosas más bellas que he hecho en mi vida. Era exigente, como a mí me gusta. Había varios ensayos semanales y eran mi momento favorito de la semana. Recuerdo que algunas de mis compañeras y compañeros faltaban a los ensayos cuando había fiestas universitarias. Yo no entendía cómo preferían ir a una fiesta cutre en la que los conciertos se escuchaban fatal y no tenían ningún protagonismo, la gente siempre acababa pegándose y el alcohol era malo de narices.

Cantar en un coro te enseña a no ser importante pero sí imprescindible para que todo suene cohesionado, para que un montón de voces suenen como una. Te enseña a modular, a sentir, a bailar coordinada con otras personas que reman en una misma dirección. Se puede alcanzar el puto nirvana. Un coro es como el cuerpo humano: cada una tiene su función precisa. Hay que tratarlo con amor para que la música no enferme ni se corrompa. La obra es pura, sea cual sea, te guste más o menos. Hay que tener un respeto máximo por cada uno de los órganos, por cada una de las venas y arterias que hacen que la sangre llegue a todas partes. El cuerpo es un orfeón maravilloso que no necesita aristas. Esto lo decía el director del coro sin parar: «No quiero aristas». Yo no lo entendía, pero cuando lo decía, intentaba pegarme más a la de al lado, tener más cuidado y más amor por la obra. Sigo sin saber qué significa, pero en mi mente se ha convertido en una forma de hablar de respeto y serenidad. Yo no quiero ser arista.

Nunca he destacado por tener un gran oído, una gran voz o por ser virtuosa, pero cuando trabajaba mucho una obra y la disfrutaba, sintiendo cada nota, era difícil que fallara en algo. Repito que esto no es porque sea una diosa de la música, sino porque soy trabajadora y muy respetuosa cuando hago cosas en grupo. Creo que cuando tocas o cantas con más gente, tienes un compromiso maravilloso con esas personas. Una vez dimos un concierto en una residencia de ancianos y fue precioso. Eran cuerpos ya no tan precisos, pero preciosos. Algunos ni siquiera eran muy conscientes de lo que estaban viendo y escuchando, pero sonreían porque era un día diferente. **Recuerdo pensar que si cuando llegamos al final de la vida, lo más importante son las cosas pequeñas, si tenemos resuelto el enigma de la puta vida, ¿por qué no dejamos de hacer el imbécil antes? ¿Por qué seguimos dándole vueltas a la trama si ya nos han hecho todos los spoilers posibles? Si al final solo se trata de recuperar la mirada con la que empezamos a ver el mundo de niñas, ¿por** qué nos empeñamos en buscar el éxtasis por todas partes? ¿Por qué somos tan sumamente gilipollas?

En mitad del concierto empecé a tener la sensación de que estaba desafinando, no encontraba mi lugar dentro de la armonía. Me mareé por la ansiedad que eso me provocó e hice *playback* lo que quedaba de concierto. Salí de allí con muchas ganas de llorar, sin despedirme de nadie y caminando hacía el casco viejo de Pamplona como si tuviera prisa. Me junté con mis amigas, que estaban por allí tomando algo, y sentí una necesidad arrolladora de contarles mi nueva realidad: que no podría volver a cantar bien nunca más, que mi carrera había terminado con solo dieciocho años y que en breve ya ni siquiera podría distinguir sus voces. Tendría que aprender lenguaje de signos y, siendo disléxica, me iba a costar un montón.

—Tías, me pasa algo. Creo que me estoy quedando sorda.

Ahora en mi expediente médico aparece algo así como «Preocupación por una supuesta enfermedad en el oído».

No tenía nada.

Cualquier cosa que me pase me genera pánico, pero sobre todo si está relacionado con el oído, las manos o la garganta. Es con lo que hago canciones y no puedo permitirme vivir sin esas partes de mí. Son lo único que tengo que a veces me gusta. En el escenario casi siempre me gusto o, como poco, me acepto.

No sé si me gusta viajar, porque siempre me he puesto mil excusas para no hacerlo porque me muero de miedo. Prefiero ver las películas en casa que en el cine por si me agobio o no me gustan. Odio salir de fiesta, odio que las personas desconocidas me rocen y suden cerca de mí. No he practicado BDSM ni me he enrollado con mucha gente. **Tener que compartir piso de nuevo es uno de los mayores miedos de mi vida, no me gusta que irremediablemente haya alguien en mi casa de forma sistemática. Odio todas estas cosas con toda mi alma, pero podría convivir con cualquiera de ellas. Podría convivir casi con cualquier cosa que me siga permitiendo hacer canciones.** A veces pienso en la Sirenita, que cambió su voz por unas malditas piernas. Es verdad que yo no tengo las mismas piernas, las mías retienen líquidos y tienen estrías y celulitis, pero, aunque tuviera las de Ariel, nunca las cambiaría por mi voz. Odio que las piernas de las mujeres siempre hayan sido más importantes que sus voces.

«ALGO ESTÁ MAL, TODO TIENE MALA PINTA, VAS A ENFERMAR, TE DUELE, TE DUELE, TE DUELE».

16

La Perra

EL animal

Si oliera a algo, olería a hierba recién cortada.

Si fuera una canción, sería *Perra* de Rigoberta Bandini.

Si pudiera ser más fiel, lo haría.

Si pudiera decirme algo, sería:

«VAYA ESTUPIDECES HACÉIS LAS HUMANAS».

Todo eso que me diferencia de mis perros es aquello que me hace sufrir.

Murphy nació ayudado por un galguero, alguien para quien los perros son un mero instrumento, algo que les da cierto estatus entre sus amigotes, por supuesto, todos señoros. Cuando mi pequeñito tenía cosa de dos meses, un coche lo atropelló, le rompió una pata y este «señor», por llamarlo de alguna manera, lo dejó tirado en una cuneta completamente desnutrido y con la patica rota. Una voluntaria de la asociación Galgos 112 lo encontró y, gracias a ella y a los ángeles que lo acogieron, un par de meses después estaba conmigo.

La primera vez que lo vi parecía un cervatillo. Tenía las patas largas y no sabía utilizarlas, así que se tropezaba continuamente. Aquel día, el día que conocí a Murphy, fue el mejor de mi vida, el día en que conocí al puto amor de mi vida, mi brazo derecho, mi pierna izquierda. Al que amo y al que me duele. Mi mayor preocupación y mi hogar. Lo único que se ha mantenido siempre estable en mi vida. Lo único de lo que no dudo.

Dobby no sé dónde nació, solo que lo encontraron en un polígono industrial junto a otro perro. Unas personas maravillosas lo adoptaron, pero, desgraciadamente, su madre humana falleció. Ella se llamaba Valentina y pienso en ella cada día. Voy a compartir con Dobby el resto de su vida, pero de alguna forma sé y me gusta tener presente que él ya tuvo una compañera que lo amó, así que cada vez que le doy las buenas noches, pienso en ella, aun sin haberla conocido nunca. Al fin y al cabo, ella educó al segundo amor de mi vida.

Los perros me hacen mejor persona, con ellos soy más perra. Gracias a ellos, cojo aire mínimo tres veces al día, sonrío cada vez que entro en casa, cuando me despierto por la mañana o cuando se tumban conmigo en el sofá. Cada puñetero día de mi vida doy las gracias por mis perros. A veces los veo correr libres y fantaseo con ser como ellos, con ser una perra sin correa que galopa a una velocidad increíble. Sueño con no ser tan rumiante y con vivir el maldito momento, aunque suene a tópico. A ellos les falló la humanidad y aun así me miran como no me ha mirado nadie.

Daría todo lo que tengo por saber cómo perciben el mundo, aunque fuera solo por un instante. Me fliparía saber cómo me ven a mí, aunque ya te adelanto que lo hacen como ninguna persona humana. Parece obvio, pero no lo es.

Ellos no son conscientes ni de mis fracasos, ni de mis éxitos. Ellos me quieren por lo que soy y nada más. Nadie, por mucho *mindfulness* que haya hecho, es capaz de recibir así la información de su entorno. Nadie puede verte como la perra que eres en esencia. Los perros se huelen el culo y fin del asunto, no se mienten. Toda su información está en su puñetero ano y no les importa meter la nariz en el de su vecino para saber de qué palo va. Ojalá pudiera saber la verdad oliéndole el culo a alguien, por muy desagradable que resultara. No me gustan especialmente los culos, pero prefiero pasar un momento de asco que toda una vida de incertidumbre, porque la realidad es que no me fío de casi nadie.

Me gustaría retorcerme en el sofá como ellos y que no me doliera nada, oler la hora, ver mejor en la oscuridad y oír como una superheroína. A veces me siento culpable porque si mañana viniera una bruja a mi casa y me concediera tres deseos, no pediría acabar con las guerras ni con las hambrunas, ni siquiera con la ganadería o la explotación reproductiva; haría que mis perros vivieran todo el tiempo que yo viva. Es egoísta y chungo, pero ahora mismo soy una perra.

«PIENSAS DEMASIADO».

17

La Antisocial

La que entra en parada cognitiva en el momento en el que se ve rodeada de más de cinco personas

Si oliera a algo, olería a cera de soja para hacer velas.

Si fuera una canción, sería *All My Favorite Songs* de Weezer.

Si pudiera no salir de casa nunca más y hablar solo con sus perros, lo haría.

Si pudiera decirme algo, sería:

«TODOS SON IMBÉCILES».

Mi casa puede pasar de ser el cielo a ser el infierno en una milésima de segundo. Me empeño en pensar que son las cosas las que cambian de forma mágica y no que, simplemente, se me ha ido la olla. Nunca pienso esto. Hasta que pasan unos días y digo: «Ah, sí, se me ha ido la olla». Y así hasta la siguiente vez, cuando diré: «Esta vez sí que sí». Pero no, nunca es. «Hasta que sea…», dice la Antisocial.

Creo que esta persona es el desenlace de todas las demás. Cuando se pelean y pierdo el control sobre ellas, la locura coge el mando, da un golpe de estado y ya no sé quién soy. Es entonces cuando entro en ese estado en el que das vueltas por todas las plataformas digitales sin poner nada. Al final, acabas pasando el rato pensando en qué ver en lugar de viendo algo. Lo mismo me pasa con la vida a veces. Me paso los días pensando en cómo vivir en lugar de hacerlo sin más. Me pregunto qué hará la gente con su tiempo, cuáles son los procesos mentales que les llevan a quedar con otras personas, si, en comparación con la media, paso más o menos tiempo sola… Me gustaría disponer de un estándar, una medida con la que poder compararme y así saber si soy demasiado ermitaña o no. Me gustaría que una ley universal, una de esas que tanto odio, en general, estableciera a qué hora hay que dejar de trabajar o cuándo me estoy pasando de vaga. Me fliparía saber cuándo la gente miente sobre su vida para no creer que soy la única imbécil. Quiero saber dónde está la normalidad en todo para tener algo a lo que agarrarme cuando no sé qué hacer.

La realidad es que no me siento mal pasando tantos días sola en casa, hasta que abro las redes sociales y me doy cuenta de que la gente tiene cenas o está de fiesta o de vacaciones. Lo pienso y me da envidia y pereza a partes iguales. Barajo la idea de escribirle a alguien, pero entonces se me hace un nudo en el pecho, me tiemblan las piernas, todo se vuelve amargo y decido tumbarme a mirar el techo. Me quedo en casa, pero encima estoy triste. No sé si el sentimiento de estar tirando mi vida a la basura a veces es real o surge por la presión de una sociedad que parece estar haciendo cosas todo el rato. No sé si se trata de no saber estar sola o de ser más feliz sin parar en casa ni un segundo. Pero llega un día en el que nadie cuenta contigo para los planes porque están hasta las narices de que les digas que no, y recuperar eso es extremadamente difícil. Así que te quedas como estás. Me gustan más los perros porque ellos no se enfadan conmigo.

Pones agua a hervir en una cazuela, metes un recipiente con copos de cera de soja para hacer al baño maría. Dejas que se derritan mientras los remueves con uno de esos palillos chinos que te llevaste de un restaurante en el que comiste ramen. Si te gusta, puedes poner también unos tintes que venden de unos colorines preciosos. Puedes hacer las mezclas de colores que quieras. De hecho, puedes hacer hasta formas. Cuando terminan de derretirse, sacas el recipiente, esperas a que se enfríe un poquito y añades los aceites esenciales que más te gusten. A mí me gusta hacer las velas de lavanda, geranio o limón. Luego tienes que coger esos chismes de metal que tienen un agujerito y meter la mecha bañada en cera. Yo las compro ya así, pero también puedes bañarlas en la cera caliente que has apartado. La sujetas enrollando la punta con el palillo chino de antes y echas la cera. Cuando se seca, tienes tu vela lista. Si alguien te propone pasar una tarde haciendo cualquier cosa, ya puedes decirle que no puedes porque estás haciendo velas. De nada.

El segundo truco que te doy es tener perro, así puedes decir que tienes que ir a pasearlo o que tiene ansiedad por separación y no puedes dejarlo solo. Alguna vez he ido a una de esas fiestas absurdas a las que todo el mundo va solo para poder decir que no me apetecía ir y he puesto como excusa a mi perro, estando este en casa de mis padres a trescientos kilómetros de allí. No paga alquiler y soy su esclava, así que tengo derecho a utilizarlo para mentir. Sobre todo, si es para volver a mi casa, al lado del río.

A veces doy vueltas por casa sin sentido. De repente, siento que todo está sucísimo y me pongo a limpiar compulsivamente, sin pensar. Voy dejando trapos y «flis flis» por toda la casa, se me olvida dónde los he puesto o cojo otros. Saco toda la ropa del armario de mi habitación y decido donar la mitad, ordenarla toda. Cuando llevo la mitad, me agobio, así que la cojo y la meto hecha una bola en una parte del armario que abro poco para no verla. **Lo mismo que hago con la vida. Voy a beber agua y me acuerdo de que antes de lo de la ropa estaba limpiando la cocina. Al pasar por el salón, me agacho a acariciar a los perros, que me miran, seguramente pensando que estoy loca. Río porque me hacen reír, pienso en lo muchísimo que los quiero y me pongo a llorar porque algún día morirán. Me tumbo con ellos y veo que las plantas están un** poco mustias, así que me seco las lágrimas como si nada y me pongo a regar. «Debería trabajar», pienso. Pero sigo regando con culpa. Mientras me ducho, recuerdo aquella cosa que dije un día y de la cual me arrepiento. Entonces entra la oscuridad en mi torrente sanguíneo y todo empieza a ser brusco. Siento que los objetos me gritan, que mis pensamientos me gritan. Intento respirar, pero he llegado a un lugar sin retorno. Pienso que solo una benzodiazepina podrá salvarme. Me tomo una, me tomo dos. Si tengo que anestesiarme, es que algo no está bien. Tengo que sacar a los perros y cuando vuelvo, veo que las velas ya se han secado. Cuando estaban calientes tenían un color más translucido. Ahora, frías, son opacas. Más resistentes, menos líquidas, pero también menos transparentes. Me siento un poco como las velas. Imagino que eso piensa mi entorno cuando me mira, que a veces soy fría y opaca. O no, yo qué sé. No lo sé porque tampoco lo pregunto. Acabo cansadísima de mí. Saco a los perritos, guardo todo lo que he dejado por el medio en mi intento de limpiar y recoger y me hago algo rico para cenar. Luego me voy a la cama a leer hasta quedarme frita por la medicación. Cuando me despierto por la mañana, pienso: «Conseguido». ¿De verdad? El objetivo en la vida no puede ser que pase la vida. ¿O sí?

De vez en cuando alguien se arma de paciencia e insiste en sacarte de casa. Te presenta a gente y de pronto, ¡boom!, «Hay mucha gente aquí. ¿Querrán darme dos besos? Yo no quiero, qué angustia. Creo que ya les estoy cayendo mal. Bueno, ¿qué más da? A mí tampoco me están cayendo muy bien. ¿Qué hora será? ¿Llevo aquí el tiempo suficiente como para irme ya? No sé cuánto tengo que aguantar en este sitio. Voy a mirar el móvil». A veces pienso que solo fumo para poder decir que voy afuera a fumar; siempre espero que no quieran acompañarme, la verdad. «Creo que esperaré a que estén despistados y borrachos y me iré sin decir nada, va a ser lo mejor».

—Me voy, es que el perro que está en casa de mis padres a trescientos kilómetros de aquí tiene que hacer pis. Creo que me he dejado el fuego encendido, la puerta de casa abierta y también tengo fiebre. Adiós.

«ENCIÉRRATE».

18

La Novia

La que intenta buscar el equilibrio
entre complacer, compartirlo todo y
preservar la individualidad

Si oliera a algo, olería a alcohol dulce.

Si fuera una canción, sería *Domingo astromántico* de Love of Lesbian.

Si pudiera cambiarme entera para ser mejor para él, lo haría.

Si pudiera decirme algo, sería:

«HAZLO FELIZ».

Domingo en la estación de autobuses de Pamplona. No está enamorado de mí y yo lo sé porque el día que le dije que lo quería, él me respondió que no podía saber si algún día se enamoraría de mí o no. Una pena, porque yo me enamoré de él la primera vez que lo vi con aquella camisa de cuadros y los cascos puestos. Pensé que me casaría con él y se lo pedí varias veces, pero él siempre fue más racional que yo. Me odié tantas veces por ser romántica, por ser detallista, por ser rumiante… Y ahora echo tantísimo de menos ser así de inocente… Pagaría por volver a sentirlo todo con tanto contraste. Los besos tenían un sabor concreto, podíamos pasar horas tocándonos sin esperar un orgasmo o un final determinado. Escribí votos de boda en todas las playas de Tenerife para ver si en alguna me decía que sí.

Mi objetivo real siempre fue complacerlo para que me quisiera, pero cuando me miraba a los ojos, se me olvidaba por completo el plan malvado que estaba llevando a cabo. Me tomé como un reto que se despertara y acostara pensando en mí. Tardé años, pero lo conseguí. Me rompió el corazón tantas veces como días me costó que me quisiera. Me arregló el corazón tantas veces como días tardé en dejar de corresponderle. Haría cualquier cosa por volver atrás y evitarle el sufrimiento, tantos días como hicieran falta, tantos días como tenga, tanto tiempo como dure mi insignificante vida.

Los domingos eran mi día favorito y una pesadilla al mismo tiempo. Él cogía un autobús a Bilbao, porque estudiaba allí, y casi no me hablaba el resto de la semana. A veces tenía suerte y conseguía que quisiera verme el sábado, así podíamos quedar por la tarde y estar juntos hasta por la noche. Pero eso pasaba poco porque él tenía otros planes. Yo me adaptaba a lo que me dijera y acabábamos quedando directamente en la estación, así que nuestra cita era una despedida desde que empezaba. Él casi siempre llegaba tarde y yo, pronto; invertía ese tiempo en ensayar la forma en la que iba a decirle que no quería esperarlo más. Nunca lo hice, y mira que tuve horas para planearlo. Subí las escaleras de la estación llorando todas y cada una de las veces que arrancó su autobús. Me dolía el alma como si me hubieran clavado cuchillos en las costillas.

Había bajado esas escaleras hacía nada con ilusión, con ganas de besarlo después de una semana sin vernos, nerviosa por saber si le iba a gustar mi perfume, mi camiseta nueva o mi brillo de labios. Dos horas más tarde, subía esas mismas escaleras mecánicas sintiéndome completamente vacía. Recuerdo mirar a las parejas que subían juntas, abrazadas. Yo tenía tantísimo frío… El otro día, leyendo *Hamnet*, de Maggie O'Farrell, me sentí completamente identificada. Agnes, la prota, tiene que despedirse de su marido, que se va a trabajar a Londres. Habla de cómo lo acompaña al tren, se despiden y después ella deshace el camino andado con él, pero sola. Es precioso y demoledor.

No sé si él es consciente de que se acabó enamorando de alguien que no existía. Me pensaba un millón de veces las cosas: qué decir y cómo, qué ponerme y cómo, la forma de besar, de susurrar, de no escribir un mensaje en Tuenti por lo menos hasta el martes… Todo mentira. No sé cuántas canciones pude escribirle ni cuántas noches pasé despierta pensando en cómo hacer que me quisiera; esto sí era verdad. Ahora, con el tiempo, solo puedo pensar en el hueco tan grande que tenía dentro de mí y en la necesidad que sentía de llenarlo; por eso hacía todas esas cosas, solo para que me amaran. Cuando me di cuenta, lo odié tanto que me pasé al polo opuesto, y así es como me convertí en una persona arisca, poco detallista y algo insensible por momentos.

Me siento incapaz de ser la Novia que quiero ser, una que ama sin olvidarse de sí misma. Una que puede compartirlo todo sin enfadarse. Creo que no quiero ser una Novia. Nunca lo he sido y no creo que lo vaya a ser nunca. Si no voy a saber colocar a la persona en el lugar que le corresponde, sin desaparecer y sin hacer justo lo contrario, creo que es mejor que nunca vuelva a ser una Novia.

«DEBERIAS FOLLAR HOY;
SI NO, TE VA A DEJAR».

19

La Hiperactiva

La que siente que va a morir
intentando ver una película entera
sin moverse del sofá y que por eso
no va al cine

Si oliera a algo, olería a café.

Si fuera una canción, sería *Dopamina* de Veintiuno.

Si pudiera hacer cosas a todas horas, lo haría. Si pudiera arrancarle a la vida dos horas más al día, también.

Si pudiera decirme algo, sería:

«LLEVAMOS DIEZ MINUTOS SIN HACER NADA, ME ABURRO».

Últimamente, la echo de menos porque me despierto cansada. Hago lo estrictamente necesario y nada más. Curro, perros, higiene personal. Estoy completamente derrotada. No sé si es la depresión, el otoño, la anemia o todo junto. Pero ahora estamos aquí para hablar de la Hiperactiva, así que esto que estoy haciendo tiene entre poco y nada de sentido.

Me resulta curioso que, al pensar en esta señora, pienso en la Novia. Y dirás: ¿Qué mierda tiene que ver una cosa con la otra? Pues para mí mucho.

Tuve un novio al que le encantaba dormir, yo no lo entendí nunca. Una vez al año íbamos a la playa, eran mis días favoritos con diferencia. Cuando terminaban, yo lloraba muchísimo y él no entendía nada. Nunca nos entendimos. Me gustaba ver amanecer por lo menos uno de los días e ir a la playa pronto para no perderme esa calma, para aprovechar las horas y alargar el tiempo de vacaciones. La víspera de marcharnos, por la noche, siempre le decía lo mismo: «Si no dormimos, nunca llegará mañana y podremos quedarnos aquí para siempre». Pero él siempre se acababa quedando dormido. Yo me despertaba pronto y le dejaba notitas en la almohada. Me sentaba en la arena a esperar, mirando el agua y disfrutando de la poquita gente que había en la playa a esas horas. Siempre había personas haciendo pádel surf, me parece apasionante. Creo que he pasado algunos de los momentos más bonitos de mi vida allí, mirando el mar, esperando. Él siempre llegaba cuando la magia se había evaporado, las familias ya ocupaban la arena y gritaban y el sol apretaba con fuerza. Nunca nos bañamos juntos al amanecer, pero yo sola sí. Me imaginaba a las sirenas todavía cerca de la orilla, en el agua cristalina. Todo el mundo sabe que cuando la gente empieza a llegar, las sirenas se van para que nadie las vea. Pero si ves amanecer en la playa, seguramente te las encuentres.

A veces, él tardaba tanto en llegar que casi era hora de comer. Alguna vez le dije que me entristecía que no tuviera esas ganas de embotellar los días en la playa. Recuerdo que la conversación acabó girando en torno a que yo me tenía que relajar, que no podía querer exprimirlo todo con locura, que no podía pretender que todo, siempre, fuera perfecto.

Ahora que a veces duermo para que las horas pasen rápido, me acuerdo de todo eso. Ahora que no sé qué hacer con la vida, me acuerdo de aquellas noches en las que no quería dormir para que no pasara el tiempo. Ahora que no recuerdo desde cuándo no escribo una nota de amor… Siento que una cosa va unida a la otra. Creí que dejar de ser tan ansiosa me llevaría a un lugar mejor, pero solo me ha llevado a la desilusión más absurda, a tomarme un lorazepam de más y no acordarme de nada. Me ha llevado a anestesiarme por no vivir la vida.

No estoy describiendo a esta señora, pero es lo único que puedo decirte ahora mismo de la Hiperactiva. Pienso que cuantas más ganas tiene alguien de vivir, antes se despierta. A él no le interesaba tanto como a mí exprimir las vacaciones, el mar, la sal en la piel… Para mí aquello acabó tomando un significado absurdamente importante y nunca se lo dije. Hasta que todo terminó. En una de las mil y una despedidas, sacó una caja y me la dio. La abrí y me encontré con todas aquellas notas.

«Me gustaría emocionarme por el hecho de que hayas guardado esto todo este tiempo, pero ¿sabes qué pasa? Que solo tengo ganas de darte una hostia porque yo no tengo nada que guardar. Ni una triste nota de buenos días».

Creía que la Hiperactiva era repelente y odiosa. Ahora

la echo de menos porque, si algo tenía, era ganas de vivir, y eso es más importante que el dinero y el tiempo juntos.

Todavía no sé cómo es que alguien quiera hacer cualquier cosa para parar el tiempo que pasa contigo; quizá no sea sano, pero me importa una mierda, para mí es importante y punto. Prefiero ser un poco tóxica y vivir la vida intensamente que estar en esta balsa de aceite en la que me encuentro nadando últimamente. Hiperactiva, vuelve, prometo que no voy a dejar que nadie te haga sentir ridícula nunca más. Perdona si alguna vez he priorizado a cualquier otra persona antes que a ti, no voy a volver a hacerlo, pero, por favor, vuelve.

Vuelve a cuando no podías dormir porque al día siguiente te habían prometido ir a la pista de patinaje sobre hielo. Vuelve a cuando te dormías la última en los campamentos para no perderte nada. Vuelve a cuando dormir te parecía completamente ridículo porque siempre había algo mejor que hacer. Vuelve a querer comerte la vida como una loca. Vuelve al dolor de barriga porque te gustaba no sé quién. Vuelve, Hiperactiva, vuelve, me caías bien.

«¿VAMOS?».

20

La Creativa

La que comenzó a convertir todo esto en historias, en letras y, después, en canciones con las que se venga de todo lo malo que siente o le ocurre

Si oliera a algo, olería a la primera vez que abrí la funda de mi guitarra.

Si fuera una canción, sería alguna de las mías. Siento el egocentrismo, pero no podía ser de otra manera.

Si pudiera capitalizar absolutamente toda mi vida para hacer canciones, lo haría; de hecho, lo hace y con eso me salva.

Si pudiera decirme algo, sería:

«BUENO, TÍA, HARÁS UNA CANCIÓN INCREÍBLE DE ESTA DESGRACIA».

He mencionado ya que quiero creer que no hace falta estar en el abismo para crear, pero sí siento que hace falta crear cuando estás en el abismo. Da igual lo que sea, crear es construir y cuando estás en el punto en el que todo se cae, merece la pena ver cómo algo se viene arriba. Puede ser una canción, un dibujo con acuarelas o una tortilla de patatas vegana. Da igual. A veces tienes que reconstruirte tú, pero antes de eso hay que mandarlo todo a la mierda, gritar, patalear y hacerlo fatal. Si eres capaz de plantar unos tomates, hacer una tarta o colorear un maldito mandala, quizá sientas que es más probable reconstruirte tú. «Si sé hacer un bodegón con acuarelas, podré ir al centro de salud y pedir ayuda. Si puedo hacer una canción de la nada, quizá pueda hacerlo conmigo también». Sacar ganas de vivir de donde no había nada.

Crear es una forma de canalizar una sensibilidad que a veces no te permite salir al mundo real. Hace poco, hablando con mi amigo Diego Arroyo, él me dijo una cosa que me marcó muchísimo. Me contó que siendo pequeñito su madre le dijo algo increíble: **«Hijo, tú eres muy sensible, pero nadie tiene por qué entenderlo».** Ella se llama María del Carmen, pero todo el mundo la llama Memé. Gracias, Memé, creo que mi vida va a ser distinta después de escuchar esa frase. **En tu mano está gestionar esa sensibilidad para evitar que acabe matándote, en el sentido más literal de la palabra. Hay cosas que ayudan, en mi caso, la música, los perritos, escribir y cocinar.** Tratar de no enloquecer es algo complicado, por eso creo que rebuscar en la mierda aposta para hacer canciones es algo completamente contrario a crear. De hecho, se parece más a destruir, como fumar, beber, o drogarte hasta anestesiarte.

Un día cualquiera, viene una amiga a mi casa de visita y me dice:

—Mira, tía, he traído estas naranjas que se me están poniendo malas para hacer zumo.

—¿Para hacer zumo?

—Sí, ¿qué pasa?

—¿Con naranjas malas?

—Sí, tía, ¿qué te pasa?

—Que si hacemos zumo con naranjas que no valen nada, el zumo no estará rico.

—Bueno, probemos, antes que tirarlas…

—No, no voy a destripar una naranja, a quedarme con las manos pegajosas y a limpiar un montón de chismes para darle un sorbo y darme cuenta de que es una mierda.

—Si la naranja no vale, el zumo tampoco. Vale. ¿Estás segura?

—Casi.

—A veces lo feo solo está en la superficie, otras en el tacto… Estas, por ejemplo, están muy blanditas… Pero nunca vas a saber exactamente cómo están hasta que las abras. Quiero decir que si no estás dispuesta a pringarte y a fregarlo todo luego, nunca vas a saber si el jugo valía la pena o no.

—Hoy no me apetece pringarme, lo siento.

Así es como pasé media vida sin probar el zumo. Creo que yo soy la naranja y que el zumo son todas esas canciones que no compongo. No sé si hago bien escribiendo esto, igual parecía más inteligente sin aclararlo, o a lo mejor mi editora, Yolanda, que tiene más paciencia que una santa, me decía que tenía que aclarar un poco más las ideas. No lo sé. Así que manifiesto mi duda. Si estás leyendo esto, es porque a Yolanda le ha parecido bien que lo haga.

Cuando te sientes podrida por dentro, es imposible que te emocione algo que sale de ti, o por lo menos eso me ocurre a mí. Creo que hace falta un punto de distancia, un «estar mejor» o por lo menos un «querer estar mejor» para poder hacer zumo de tus tripas. Cuando me siento una verdadera mierda, me molesta hasta mi forma de caminar, ¿cómo voy a escribir una canción? Cuando toco fondo, no puedo ni coger la guitarra; cuando estoy en la oscuridad más absoluta, solo puedo coger apuntes y confiar en que al menos podré capitalizar esa mierda que me está pasando. Nadie quiere escuchar un disco lleno de pensamientos intrusivos llenos de odio, pena hacia una misma y depresión, o eso es lo que pienso cuando estoy así. De manera que no hago nada. Y la nada solo te lleva a la señora que aparece en el espejo.

«DE ESTE DRAMA, HARÁS UN TEMAZO».

¿Cuál de ellas soy entonces?

La Cualquiera

Si fuera una canción, sería *No quiero hacer historia* de Tulsa.

Hay un letrero en la puerta de la sala de reuniones del hotel Tres Reyes de Pamplona: CÓMO SOY, LA DECISIÓN FINAL. Hay una mesa alargada como las de las películas y un vaso de agua por cada silla, veinte exactamente. Chica Sobresalto preside la mesa, sostiene un bolígrafo entre los dedos, le da vueltas mientras mira una hoja en blanco encima de la mesa. La Responsable llega la primera, llama a la puerta y pide permiso para entrar. Se sienta a la izquierda de Chica Sobresalto, pero no hablan, porque la Responsable es la que la manda a casa después de los conciertos y a la superheroína de pacotilla no le suele hace ninguna gracia. La puerta vuelve a abrirse y la Mamá asoma la cabeza con dulzura. «Hola, chicas, ¿se puede?». Cuando la puerta se abre del todo, agarrada a su mano está la Pequeña. Está contenta porque está protegida por mami, que a su vez también es feliz porque no tiene que ocuparse de cómo está ella. «Ponte aquí, Pequeña», ordena la madre señalando la silla de al lado de la Responsable. Se miran y sonríen, están bastante de acuerdo. Chica Sobresalto se está durmiendo de tanto aburrimiento y pide al cielo que llegue alguien con un poquito más de chicha, pero no ocurre. La Mamá ha dejado la puerta abierta porque así puede ver más fácilmente quién se acerca. La Mentirosa agarrada del brazo de la Conciliadora. Creen que son amigas, pero ninguna de las dos conoce a la otra. Saludan con una simpatía extraordinaria que embelesa a la Pequeña y aburre soberanamente a Chica Sobresalto. De pronto hace más frío en la sala de reuniones, el ambiente se vuelve oscuro porque una nube densa está pasando por delante del sol. La Superior y la Jueza entran en silencio y sin mirarse a los ojos. Intentan acercarse a la Pequeña, pero la Mamá y la Responsable se levantan amenazantes y deciden irse con la cabeza alta a sentarse al otro extremo de la mesa. Se escucha un rodar, como si alguien viniera montada en un patinete gigante. Alguien se para en seco delante de la puerta, es la Hipocondriaca dentro de una burbuja como si fuera un hámster. La bola es más grande que el ancho de la puerta, así que se estampa sin parar, negándose a salir de su burbuja para poder entrar por la puerta. Todas la miran y piensan en lo puto loca que está, pero nadie hace nada. La Autodestructiva y la Apática la miran desde atrás y no mueven un dedo. La apartan lentamente y pasan en cuanto se hacen hueco. No sienten nada. Se escuchan cánticos. La Creativa aparece con la Perra al lado y una correa colgada del hombro. La Jueza se pone en pie y le pide que la ate. Algunas lo secundan y otras la miran extrañadas. La Creativa no quiere discutir, así que la ata y se sientan juntas. La Hipocondriaca intenta enterarse de lo que ocurre fuera de su burbuja asomándose por la puerta de vez en cuando. De repente, siente que alguien la zarandea. Son la Punky, la Hedonista, la Divertida y la Colgada, borrachas como guiris en los sanfermines. La Hipocondriaca grita mientras la mueven, ríen y arman jaleo. La Punky saca una navaja suiza del bolsillo y raja la burbuja de arriba abajo. La pobre Hipocondriaca se agarra las rodillas y se balancea como una niña asustada, pero las cuatro borrachas la cogen y la meten en la sala. Las demás las observan atónitas, no dan crédito. La Pequeña va a tener pesadillas el resto de su vida. Quedan tres sillas vacías, pero alguien no va a venir. La Novia y la Hiperactiva aparecen cada una con la mano de la otra dentro del bolsillo del culo. Has acertado, la Antisocial no ha sido capaz de llegar al hotel, había mucha gente en la calle.

Chica Sobresalto se pone de pie y habla:

—Bueno, chicas, parece que ya estamos todas. Cada año somos más y cada vez es más difícil juntarnos. Tenemos que decidir cómo nos vamos a coordinar en este nuevo año que entra y quién va a coger la presidencia. He traído la urna y folios para votar y hacer una nueva lista…

La Responsable la interrumpe, se pone en pie y carraspea.

—2024, esta muchacha va a cumplir treinta años, creo que es momento de madurar, por eso me presento a presidenta de la personalidad este año.

La Punky, con los pies en la mesa y sujetando una cerveza en una mano y un piti en la otra, se cabrea y grita:

—Ni de coña, hija de puta. Pero ¿tú quieres que nos muramos del asco?

La Hedonista, la Divertida y la Colgada responden a coro:

—¡Esooo, eso! Punky presidenta.

La Mamá le tapa los oídos a la Pequeña y gruñe:

—Vaya despropósito, no tienen vergüenza.

El caos se desata, todas se gritan, se levantan… Se escuchan palabras sueltas: «¡Es extrovertida!», «Pero ¿tú has visto cómo se muere de vergüenza cuando hay más gente de la que esperaba saludar?», «¡Y una mierda!», «¡Ordenada!», «¡Desastre!», «¡Obsesiva!», «¡Despreocupada!», «Buena, horrible, mala persona».

Nada. Una explosión y luego nada. Ceniza, escombros y humo. Están todas muertas debajo del pladur y de los muebles, que han caído como un castillo de naipes con el viento. Chica Sobresalto todavía respira, le pitan los oídos por la fuerte explosión y está desorientada. Consigue quitarse una viga de encima y apoya las manos en el suelo para ponerse en pie. Ve una sombra acercarse.

—¿Quién cojones eres? —pregunta mientras aprieta los ojos con fuerza con la esperanza de ver una imagen definida cuando vuelva a abrirlos.

—Soy esa a la que tanto teméis, soy esa que no queréis ser. No puedo más. Soy la Cualquiera y voy a gobernar aquí para siempre, así que no tenía otra opción que acabar con todas vosotras antes.

—¿Cómo sabías que estábamos aquí?

—A la Antisocial nunca le habéis caído bien.

La Cualquiera viste de negro y vaquero, lleva unas botas y una coleta baja. Saca una pistola del cinturón, apunta a la cabeza y ¡bang!

La Cualquiera sale del hotel con la capa de Chica Sobresalto en el hombro como señal de victoria. Nadie necesita esa puta capa rosa para hacer nada. Prefiero ser cualquiera.

Sinceramente, lo que comenzó como una búsqueda ha terminado en aceptación, en una rendición sana. Ahora me da igual que dos personas que me conocen se encuentren, compartan información sobre mí y crean estar hablando de personas distintas. La distancia entre todas las que me habitan es a veces una línea muy fina y otras un abismo mortal. Me da igual ser la volátil, la cualquiera, la creída que fue a la tele, la pueblerina que no sabe ser otra cosa, la urbanita que va de que le gusta el campo, la vegana hippy que no se acopla a la ciudad, la pija consumista que no para de comprar, la monja, la puta, la leal, la infiel, la hiperactiva, la vaga, la inteligente, la imbécil, la valiente, la que huye, la que se esconde y la que afronta, la zorra y la inocente, la histriónica y la vergonzosa, la generosa y la tirana.

La RAE define a alguien «cualquiera» como «persona de poca relevancia». Si no eres nada concreto, no importas. Si no tienes definición, no eres nadie ni nada. Si además de ser cualquiera, eres mujer, la cosa empeora porque no solo eres insignificante, sino también alguien «de conducta moral o sexual reprochable». Es lo que se ha hecho siempre con las mujeres. Si no eres nada concreto o de nadie en concreto, entonces eres una puta, un objeto de todos y de nadie, como esas canciones de libre dominio que utilizan las *youtubers* para que no les capen los vídeos por no pagar derechos de autor.

El hecho de no tener una definición clara, el hecho de no saber quién eres te convierte en una cualquiera. Necesitamos definirnos para no entrar en ese saco. Nadie quiere formar parte de la clase de diversificación del instituto.

Entonces ¿qué hacemos? ¿De verdad la gente está tan segura de quién es? Yo creo que no. Yo creo que fingen constantemente. La gente dice cosas como: «Como yo digo…». Claro, tú y nadie más en el mundo, cariño. «Como me enseñaron en mi casa…». «Porque yo soy muy…». «A mí me gusta pensar que…»… La gente necesita reafirmarse constantemente. «Soy Manolo y trabajo en Hacienda». «Soy Joaquín y vendo coches». «Soy Ramona y mi marido Joaquín vende coches». Mienten, todos mienten. Sobre todo Ramona, que es mucho más que la mujer de, que está hasta el coño de lavar los calzoncillos de Joaquín solo por miedo a ser una cualquiera. Al menos a los hombres se les define por sus propios trabajos o atributos. A nosotras se nos define por los atributos de nuestros maridos, padres o hijos. Joaquín, siento decirte que al puto cosmos le das igual. El mundo seguiría girando sin ti y sin tus putas ventas. Sí, también sin mí y sin este libro de mierda que tan feliz me está haciendo y que tantísima ilusión me va a hacer publicar. Soy una cualquiera, Joaquín, ya puedes indignarte en Twitter porque a una cualquiera le han editado un libro alardeando de ello.

Al mundo le da igual que un día seas extrovertida y otro introvertida. **El puto planeta no va a dejar de girar porque un día te guste la borraja y al siguiente no.** Te agarras a lo que pensabas el mes pasado por no ser incoherente y por no salir de tu burbuja de atributos a la intemperie de las cualquiera. Pero lo peor, y a la vez mejor, de todo es que a nadie le importa.

Nos esforzamos por alimentar nuestra individualidad como todo el mundo. De tan alternativas, nos hemos convertido todas en exactamente lo mismo, y todo por miedo a no ser cualquiera. **Empecé la terapia para encontrarme, para ponerme todos esos carteles con adjetivos en la frente. Para dejar de caminar por el frío y gélido páramo de la «cualquiería». Finalmente, me rendí, pillé una depresión flipante, tuve ganas de matarme muchas veces, me quedé más sola que en toda mi vida y pensé: «¿Qué puede pasar si salgo?».**

Ya me han llamado puta, payasa, ridícula, fracasada… Ya me han llamado todo lo horrible que podían llamarme. Ya me han deseado la muerte en Twitter, ya me he sentido completamente desterrada de mi ciudad, rechazada por gente cercana, fuera de lugar en mi entorno…. Ya me han llamado, en tan solo media hora, dos cosas completamente opuestas, pero igual de malas. Ya no soy la novia de, ni la hija de. Ya no soy la maravillosa persona que era. Así que decidí salir al angosto páramo de las cualquiera. Bah, nada del otro mundo. No voy a describir este lugar imaginario porque me da pereza, sinceramente. No voy a hacer un cuento con moraleja de todo esto porque no me apetece. Ni que fuera yo una *influencer* divulgando sobre salud mental, una (o uno) de esas que no ha abierto un libro en su vida. *Influencer* no soy y lo de estudiar… Pero por lo menos no me pongo el título de divulgadora de salud mental por la cara. Prefiero ser una cualquiera que una estafadora.

Nos gusta tener certezas y juntarnos con gente exactamente igual a nosotras para reafirmarnos en todas esas ideas que creemos tan nuestras, pero que, en realidad, son tan de todas…

Es la primera vez que gano al rendirme. Piensa lo que quieras, di lo que quieras. Yo no tengo que rendirte cuentas a ti ni a nadie. Esto no es una catarsis, este libro no me ha cambiado; tampoco lo han hecho ni la terapia, ni la tele. Nada y todo nos cambia al mismo tiempo y no pasa nada.

Por el poder que me ha sido otorgado, o sea ningu-

no, te hago poseedora a ti, maravillosa persona, de la más valiosa de las licencias: la de hacer el ridículo hasta el día de tu muerte. Te concedo el derecho y el deber de odiar y amar algo el mismo día sin acordarte. Te otorgo el don de poder hacer las cosas mal sin sentirte culpable. Yo, que no soy nadie, te doto de desfachatez y mediocridad sin complejos.

«DISFRUTA DEL ARTE DE SER MEDIOCRE».

Agradecimientos

Voy a ser honesta: me da mucha pereza. Me siento muy agradecida con muchas personas, tantas que se me está haciendo bola. Mi querida amiga Ana Medina publicó hace poco un libro que se llama *Escucha esta canción*. Ella escribió tal cantidad de agradecimientos que su editora le dijo: «Ana, tus agradecimientos son más largos que alguno de los capítulos de tu novela». Me hizo mucha gracia, así que Ana es la primera persona a la que quiero agradecer esto, por ser tan agradecida y preciosa. También a su hermana, a quien ella le dedicó su novela, así que en mi cabeza todo tiene sentido, sois preciosas.

A Paula, mi psicóloga durante el primer año y medio después de salir de la academia. Perdón, Paula, yo quería pedirte que escribieras el prólogo de este libro y no lo he hecho porque me he cagado viva. Te tengo un respeto y una admiración tan grandes que el hecho de enviarte este manuscrito me hacía temblar por dentro. No sé si está bien querer a tu psicóloga, porque la realidad es que siempre hemos hablado de mí, pero yo te quiero. Sin ti no existiría *El arte de ser mediocre*, ni probablemente yo.

Gracias a todas las personas que habéis desaparecido de mi vida en estos últimos años. Hemos discutido y nos hemos esfumado sin decir prácticamente nada…, me da igual cómo haya sido. Gracias por el tiempo que hemos compartido y gracias por todo lo que he aprendido alejándome de vosotros. Gracias y perdón, de verdad, mil perdones.

Gracias a Yolanda Cespedosa, que ha tenido una cantidad ingente de paciencia conmigo. Un día le dije que no me fiaba demasiado de ella. Es tan maja que a veces me cuesta creerla, no entiendo cómo a alguien le puede parecer brillante algo que yo haga, así que mi cerebro decidió desconfiar. Lo siento, Yolanda, eres muy bonita y te agradezco infinito el amor que le has puesto a mi manuscrito. No es fácil acompañar a una puta loca del coño en un proceso creativo como este.

A Begoña por estar a mi lado en esta aventura de aprender a vivir sin hacerse más daño.

Gracias a mis perros, que son lo más bonito que me ha pasado en la vida.

Gracias a todas las profesoras que nunca me dijeron que podía llegar a hacer esto bien, porque entonces seguramente me habría dejado de apetecer. Por supuesto, sigo sin hacerlo bien, pero es que siempre me encantó.

Gracias a Bruno por sostenerme y soltarme a partes iguales cuando lo necesito. Por el chocolate vegano, las patatas al horno y nuestra cena favorita. Gracias por venir de París a celebrar la Nochevieja conmigo.

Gracias, *ama* y *aita*.

Gracias a El Dromedario Records, mi sello discográfico, porque sé que este torbellino de emociones ha afectado a mi productividad y a mi puñetera cabeza en estos últimos meses.

Gracias a Aritz por los saltitos que damos cuando nos abrazamos, por las confidencias, por cogerte un tren a Guadalajara y esperarme siempre.

A Txapa por no dejarme nunca sola, contigo tengo la certeza de que nunca me quedaré colgada en la vida.

A Gorka por el cuento *Yo mataré monstruos por ti*, por Love Of Lesbian, por los paseos por la vuelta del castillo, por los conciertos y la playa.

A Veintiuno y a todas las personas preciosas que lo rodean y conforman. Tere, tú también.

A Celia, Georgy, Astro, Chito y Zero.

A Irati, Ana, Leire, Ainara y Maia por ser las protas de mi canción de Amaral.

A Irati Celestino por *Pendura* y todas las fotos nuestras jovencísimas, esas que veremos juntas cuando estemos arrugaditas y bellas.

A Santi por hacerme reír, por ponerme preciosa y ser radicalmente generoso conmigo. Gracias, Ane, por dejarte liar y ser tan guay siempre.

A Xabi Quebec por ser la única persona del mundo que imprimió el manuscrito para poder leerlo en papel antes que nadie. Te quiero.

A Samantha por ser la mejor socia que la vida me ha dado.

A *OT* por Flavio, Anne, Nia…, por todas y todos. Iván, tú también. Y Laura, y Capde…, bueno, todas, de verdad.

A todas las escritoras que admiro y que tanta vergüenza me daría que leyeran esto.

Seguro que me estoy dejando a alguien y ya tengo ansiedad. ¿Ves? Por eso yo no quería escribir nada, pero quería ser un poco más como Ana Medina y un poco menos como yo, que a veces se me olvida dar las gracias.